ANTOINE JACOTIN

PRÉSIDENT D'HONNEUR DE LA SOCIÉTÉ ACADÉMIQUE DU PUY

LAURÉAT DE L'INSTITUT

NOMENCLATURE

HISTORIQUE ET ÉTYMOLOGIQUE

DES

RUES DU PUY

Avis nos nequiores

(Horace)

LE PUY-EN-VELAY

SOCIÉTÉ ACADÉMIQUE DU PUY ET DE LA HAUTE-LOIRE

1923

ANTOINE JACOTIN

PRÉSIDENT D'HONNEUR DE LA SOCIÉTÉ ACADÉMIQUE DU PUY

LAURÉAT DE L'INSTITUT

NOMENCLATURE

HISTORIQUE ET ÉTYMOLOGIQUE

DES

RUES DU PUY

Avis nos nequiores

(Horace)

LE PUY-EN-VELAY

SOCIÉTÉ ACADÉMIQUE DU PUY ET DE LA HAUTE-LOIRE

1923

NOMENCLATURE

HISTORIQUE ET ÉTYMOLOGIQUE

DES RUES DU PUY (1).

Dans le courant de l'année 1913, la municipalité du Puy avait pris l'heureuse initiative de charger une Commission spéciale de réviser les noms des rues de notre ville. Cette Commission se mit résolument à l'œuvre et reconnut unanimement la nécessité, sinon d'apporter des changements de nature à troubler notre vie économique ou à faire disparaître des traditions locales, fort respectables, du moins de rectifier les formes contraires aux règles de la philologie ou de l'étymologie, d'éliminer quelques dénominations sans aucun intérêt et même parfois ridicules et de choisir, parmi

(1) Les renseignements fournis au cours de cette étude ont été puisés dans des documents d'une entière authenticité, mais dont les sources ne sont pas le plus souvent indiquées, en raison de la nécessité de réduire les frais d'impression, de nos jours si dispendieux. Il importe aussi de faire remarquer que si certains noms de rues, mentionnés dans des textes anciens, n'ont pu trouver leur place dans cette nomenclature, c'est qu'il a été de toute impossibilité, malgré de patientes et longues recherches, de les identifier et de leur assigner une place certaine dans la topographie de notre ville. Une curieuse et rare brochure, sortie des presses d'Antoine Clet, vers 1760, et dont nous devons la communication à l'amabilité de M. de Malaval, nous fournit une preuve, relativement récente, de cette assertion. Elle porte pour titre : *Noms des quartiers et rues de la ville du Puy* (in-12, 18 feuillets). La ville est divisée en six quartiers et voici, pour chacun d'eux, avec les dénominations de cette époque, les rues dont nous ignorons l'emplacement : 1° Quartier de la Haute-Ville : rue du Désert, rue Pulo, rue de Glane, rue du Petit-Ours, rue de la Fèvrerie, rue Ledon, cul-de-sac de l'Oiseau, rue de Bourges, rue Médine, rue de la Conciergerie, rue Suze ; 2° Quartier de Saint-Maurice : rue Servère, rue Courte ; 3° Quartier du Collège : rue du Fer, rue de la Croix, rue de l'Arbre, rue de l'Horloge, rue Fedo, rue du Py, rue Vilaine, rue du Bœuf ; 4° Quartier de La Chaussade : rue Sera, rue du Petit-Collège, rue Saint-Eloi ; 5° Quartier de Saint-Jacques : cul-de-sac de Costete ; 6° Quartier de Grange-Vieille : rue Bigouton, rue du Hazard.

les célébrités locales, celles dont il conviendrait de perpétuer le souvenir dans notre voirie urbaine.

On conviendra que ce programme s'inspirait des plus louables sentiments, et qu'à moins d'idées préconçues, son application n'aurait dû rencontrer aucune opposition sérieuse. Du reste, dans son désir de ne rien sacrifier aux hasards de l'improvisation et d'éclairer entièrement l'opinion publique, la commission dont il s'agit voulut bien me confier la tâche de rechercher, dans nos dépôts d'archives, les documents de nature à justifier ses propositions. Captivé par mon sujet même, j'estimai que le moment était propice pour retracer à grands traits l'histoire onomastique de chacune de nos rues en rappelant leurs origines et leurs transformations. J'étais en droit de penser que cette étude préliminaire susciterait pour le moins un sentiment de curiosité, et qu'elle serait l'objet d'un examen sérieux et contradictoire. Mais, à mon grand étonnement, elle fut accueillie avec la plus complète indifférence, et l'on se borna à déclarer qu'il n'y avait pas lieu de donner suite à un projet dont la réalisation pouvait porter atteinte à des habitudes invétérées et consacrées par une aveugle routine.

Sans vouloir en rien préjuger de l'avenir, il me semble néanmoins nécessaire de revenir sur cette question, car la Société académique, qui a la garde du vrai, du beau et du bien, ne peut se désintéresser d'une situation qui tend à discréditer notre cité aux yeux des étrangers. Ceux-ci ne peuvent en effet s'empêcher de sourire malicieusement, en voyant la pauvreté d'esprit inventif qui a présidé aux baptêmes des rues Derrière-Sainte-Agathe, Derrière-la-Boucherie-Basse, Sous-Sainte-Claire, Sous-Sainte-Marie, Moulin-Pataud, Traversière-de-Cadelade, etc. Ils sont aussi surpris que le cardinal de Polignac, l'une de nos gloires nationales, que des artistes de la valeur de Robert Michel, de Michel Boyer et que bien d'autres enfants du Puy, d'une légitime renommée, dorment encore dans un injuste oubli, alors que l'édilité anicienne a cru devoir exhumer de son obscurité le meunier Pierre Pataud, dont le nom, surtout pris dans son sens qualificatif, n'a rien d'euphonique ni de flatteur.

Mais à quoi bon insister, pourquoi entrer dans de fastidieuses redites et plaider plus longuement une cause dont toute la procédure s'étale au grand jour sur nos murs, avec une éloquence aussi laconique que convaincante ? Contentons-nous de ne pas nous laisser décourager, de persévérer dans nos efforts et d'éclairer l'opinion publique, en divulguant les résultats de mon enquête. A défaut d'un succès peut-être illusoire, ils auront du moins pour conséquence de faire connaître à nos concitoyens l'histoire de leurs rues et les évolutions successives de leurs vocables. Ils seront aussi la justification de tous ceux qui s'attachent à préserver notre antique et pittoresque cité du flot menaçant des maisons neuves, alignées en damier, à protéger contre tout acte de vandalisme nos monuments, remarquables modèles de l'imposante majesté du roman, de la délicate légèreté du gothique et de la classique beauté de la Renaissance, en un mot à sauvegarder tout ce qui fait l'originalité, l'attrait, le charme, la poésie et la couleur de notre ville : la vieille façade anicienne est déjà trop couverte de cicatrices profondes, gardons-nous d'y ajouter de nouvelles blessures.

ANTOINE JACOTIN.

A.

ABBÉ-DE-L'ÉPÉE (Rue de l'). De la place de La Plâtrière à la rue des Sept-Épées.

Connue d'abord sous le nom de *rue du Tribunal*, à raison de sa proximité du tribunal criminel, installé, en 1793, dans l'ancienne chapelle du couvent de la Visitation, cette rue conserva ce nom jusque vers l'année 1887, où elle devint *rue de la Prison*. Par délibération du conseil municipal, du 22 novembre 1912, cette dernière dénomination fut remplacée par celle de *rue de l'Abbé-de-l'Epée*, en souvenir du fondateur des institutions de sourds-muets, né à Versailles, en 1712, et mort à Paris, en 1789 (V. Rue de la Présentation).

N.-B. — Pour réparer une fâcheuse et récente transposition, il conviendrait d'échanger la plaque indicatrice de cette rue contre celle portant de nos jours le nom de Guillaume-Tardif.

ADHÉMAR-DE-MONTEIL (Rue). De la place des Tables à la place du Greffe.

Cette rue s'appelait primitivement *rue Montpeyroux* et est connue depuis l'année 1231 (Arch. de la Hte-Loire, S.-Pierre-le-Monastier). En 1313, *carreria de Monpeyros* vel *Montpeyros*; en 1620, *rue de Montpeyroux*; en 1624, *rue de la Cour-du-Roy*; en 1698, *rue du Greffe ou Montpeyroux, proche le palais présidial*; en 1876, *rue de la Prison*. Par délibération du conseil municipal, du 17 juillet 1889, elle fut dénommée *rue Adhémar-de-Monteil*.

Le nom de Montpeyroux est vraisemblablement emprunté au terroir de Roderie, près Le Puy, dénommé jadis Montpeyroux. Ceux du Greffe, de la Cour-du-Roy et de la Prison, ont été inspirés par la proximité des bâtiments du baillage du Velay, affectés, en 1689, au présidial du Puy et, actuellement, à l'école Saint-Léonard. Enfin, celui d'Adhémar-de-Monteil rémémore le souvenir du prélat qui occupa le siège épiscopal du Puy, vers l'an 1080, devint chef spirituel de la première croisade et mourut au siège d'Antioche, le 1er août 1093.

A signaler dans cette rue les trois écussons qui ornent la façade de la maison portant le nº 12, dont le central est orné du monogramme du Christ et les deux autres des bustes de Lucrèce et de Tarquin.

AIGUILHE (Avenue d'). De l'extrémité du boulevard Carnot au village d'Aiguilhe.

Ce nom a été donné par délibération du conseil municipal, du 17 juillet 1889, en remplacement de celui de *Chemin d'Aiguilhe* et, antérieurement à 1887, de *rue du Valet*.

C'est par cette avenue que l'on accède au village d'Aiguilhe, où l'on remarque une rare et curieuse chapelle octogonale, du commencement du XIIe siècle, connue vulgairement sous le nom de temple de Diane, et l'église romane de Saint-Michel, dont la construction primitive remonte à l'année 962 et qui, à la fin du XIe siècle, fut notablement agrandie et embellie.

A mi-chemin d'Aiguilhe, se trouve l'établissement des Sourds-Muets, dont la construction remonte à l'année 1842 et qui fut notablement agrandi en 1865. Cette institution fut créée au Puy, en 1818, sur l'initiative d'une demoiselle Genestet, présidente de l'œuvre du Bouillon.

ALEXANDRE-CLAIR. (Avenue). De la place du Breuil au chemin de Vals-près-Le Puy.

Ce nom a été donné à l'ancienne *Avenue de Vals*, créée en 1788, par délibération du conseil municipal, du 8 février 1889.

Alexandre Clair, ingénieur-mécanicien, membre de la société des ingénieurs de France, de plusieurs sociétés savantes de Moscou et du conseil d'administration de l'école Diderot, commandeur de l'ordre de Saint-Stanislas et de Sainte-Anne de Russie, d'une famille originaire des Vastres (Haute-Loire), né à Paris en 1832, et décédé dans cette ville le 13 janvier 1886. A fait don au Musée Crozatier d'une très intéressante collection pour l'étude de la mécanique, dont l'ouverture publique a eu lieu le 18 février 1883.

ANCIEN-MUSÉE (Rue de l'). De la rue Antoine-Jacmon à la rue de la Caserne-Mouton-Duvernet.

Connue sous la dénomination de *rue du Musée*, avant la délibération du conseil municipal, du 17 juillet 1889, lui assignant ce nouveau nom.

En souvenir du musée du Puy, fondé en 1820 et installé primitivement et jusqu'en 1851, dans l'ancienne église des religieuses de Sainte-Marie, reconstruite en 1739. (V. Rue de la Caserne Mouton-Duvernet).

ANCIENNE-COMÉDIE. (Rue de l'). De la rue Panessac à la place du Marché-Couvert.

Primitivement cette rue portait le nom de *Poux-en-Vère*. En 1294, *Ad Puteum Vera* : en 1457, *En Pos-en-Vera* ; en 1595, *rue appellée des Ailhs ou de Poux-en-Vere* ; en 1614, *rue des Haix* ; en 1627, *rue des Aix*.

Dans Poux, ainsi que dans Puteus, on trouve le mot languedocien Pous, signifiant puits ; Vera est la dénomination d'un terroir sis hors la porte Saint-Jacques au Puy. Il est impossible de donner l'étymologie certaine des mots Ailhs, Haix ou Aix. Quant au nom actuel d'Ancienne-Comédie, donné en remplacement de celui de Comédie, il rappelle l'ancien théâtre du Puy, construit dans cette rue, en 1766, par Philippe Hedde, Morel et Portal, ouvert au public en 1768 et démoli à la fin de l'année 1880.

ANCIENNE-PRÉFECTURE (Rue de l'). De la place du Greffe à la rue de Vienne.

Cette rue se divisait anciennement en deux parties :

1° *Rue de la Frènerie*, partant de la place du Greffe, jusqu'à la porte du jardin de l'Evêché. Dès 1223, on trouve une *domus de la Frenaria* (Hôtel-Dieu, H) ; en 1313, *carreria de la Frenaria* ; en 1578, *rue de la Frénerie* ; en 1611, *rue de la Frénerie, autrement devant les Greffes.*

Étymologie : en bas-latin, frenarius, fabricant de freins et de brides, d'où Frènerie, endroit où l'on fabrique ces freins.

2° *Rue des Portes*, allant de la susdite porte du jardin de l'Evêché à la rue de Vienne. Elle est mentionnée, en 1247, sous la rubrique *carreria de las Portas* (Tablettes hist. du Velay, t. VI, p. 390) ; vers 1280, *carreria de Portis* ; en 1723, *rue des Portes autrement de Vienne.*

Le nom des Portes provient soit d'une famille de ce nom, connue au Puy, depuis l'année 1108, soit de la proximité de cette rue avec les portes de Vienne, de Saint-Georges, de Saint-Pierre-Latour, de Chambailhe et de Crebacor.

L'appellation d'Ancienne-Préfecture, donnée en remplacement de *rue du Gouvernement*, signalée entre 1770 et 1791, rappelle que l'hôtel de la famille de Polignac, sis dans cette rue, a servi de Préfecture au département, depuis l'an VIII jusqu'à l'installation définitive, en 1825, de la préfecture actuelle.

A mentionner plus particulièrement dans cette rue, les maisons suivantes : n° 8, hôtel de Polignac, précité, avec les gargouilles brisées de sa tourelle ; — n° 14, construit en 1605, dont la porte est surmontée de l'écusson armorié des de Filère ; — n° 20, avec sa belle fenêtre d'angle Renaissance et sa corniche sculptée ; — n° 26, connue surtout sous le nom de Marcellange, avec le beau mascaron, style Louis XIV, et les pilastres d'ornementation de sa porte ; — n° 31, édifiée au XVe siècle et remaniée au XVIe, et dans l'intérieur de laquelle on trouve deux plafonds peints, du XVe siècle, avec blasons et animaux fantastiques.

ANDRÉ-CHANTEMESSE (Avenue du docteur). Du boulevard du Pont-Neuf à la route dite de l'Hermitage.

Cette avenue formait jadis la partie supérieure du Pont-Neuf (V. ce mot), dont elle portait primitivement le nom. Elle fut ensuite successivement dénommée *Avenue de Polignac*, par délibération du Conseil municipal, du 17 juillet 1889, et *Avenue du Docteur André-Chantemesse*, en vertu d'une autre délibération, du 16 avril 1919.

Ainsi nommée en l'honneur du docteur André Chantemesse, ancien interne (médaille d'or) des hôpitaux de Paris, fondateur de la section de microbiologie de l'Institut Pasteur, professeur agrégé de pathologie de la Faculté de médecine de Paris, membre de l'Académie des sciences, inspecteur-général des services sanitaires, auteur de remarquables travaux sur la fièvre typhoïde, commandeur de la Légion d'honneur, né au Puy, rue Panessac, le 13 octobre 1851, mort à Paris, le 24 février 1919.

ANTOINE-CLET (Rue). De la rue Saunerie-Vieille à la rue Meymac.

Ainsi nommée par délibération du Conseil municipal du Puy, du 17 juillet 1889, à la place de *rue Mongros*, en souvenir d'Antoine Clet, imprimeur et auteur de trois comédies patoises, le *Sermon manqué*, *M. Lambert* et le *Borgne*, cette dernière inédite, né au Puy le 17 juillet 1705, mort dans cette ville, le 22 novembre 1782. Il appartenait à une famille d'imprimeurs, originaire de Gotha (Saxe) et qui vint s'établir au Puy, au moins dès le début de l'année 1688.

Au lieu du nom d'Antoine Clet, il eut été préférable de rappeler les origines de l'imprimerie au Puy, par celui d'Etienne André qui, dans les premières années du XVIIe siècle installa, pour la première fois, une imprimerie dans sa ville natale.

ANTOINE-JACMON (Rue). De la rue de l'Ancienne-Préfecture à la rue de l'Ancien-Musée.

Nom donné par délibération du Conseil municipal, du 17 juillet 1889, à la partie supérieure de la rue de l'Ancien-Musée, mais qu'on a omis de sanctionner par une plaque indicatrice. Antoine Jacmon, m[e] tanneur du Puy; puis notaire à Saint-Quintin-Chaspinhac, auteur de Mémoires intéressants pour l'histoire locale, de 1630 à 1650, né au Puy, rue Panessac, le 10 août 1601, décédé vers 1656.

ANTOINE-MARTIN (Rue). De l'avenue Alexandre-Clair au cours Victor-Hugo.

S'appelait *rue Derrière-le-Musée*, antérieurement à la délibération du Conseil municipal, du 17 juillet 1889, lui assignant la dénomination de *rue des Cordeliers*, qui a été elle-même remplacée par le nom de *rue Antoine-Martin*, par décision du Conseil municipal, du 29 septembre 1922.

Le nom de Derrière-le-Musée rappelle la situation de cette rue par rapport aux bâtiments du Musée, dont la première pierre fut posée, le 27 août 1848, et dans lesquels on installa, en 1851, les diverses collections réunies dans l'ancienne chapelle des religieuses de Sainte-Marie. (V. rue de l'Ancien-Musée).

Celui de Cordeliers avait été donné en souvenir du couvent de cet ordre, fondé, vers 1223, par l'évêque du Puy, Etienne de Chalencon, et qui se trouvait sur l'emplacement de la maison de l'avenue Alexandre-Clair, portant le n° 1.

Le nom actuel consacre la mémoire de M. Antoine Martin, né au Puy en 1837, décédé à Vals-près-le Puy, en 1915, ancien élève de l'école des Beaux-arts, architecte de la ville du Puy, de 1864 à 1891, qui a conçu et fait exécuter entre autres, les plans du Musée Crozatier, du Lycée de jeunes filles, du théâtre, du monument du général Lafayette, etc.

B.

BAC (Rue du). V. **BACHAT** (Rue du).

BACHAT (Place du). Sise à la réunion des rues Sainte-Claire, Sur-Sainte-Claire, Saint-Antoine, Sous-Sainte-Marie et du Bachat.

En 1544, cette place est dénommée *El pos la Roche* ; en 1723, *place du Puits de la Roche*.

BACHAT (Rue du). Du faubourg Saint-Jean à la place du Bachat.

L'existence de cette rue est attestée, par un acte de l'année 1318, sous la forme *carreria vocata Bacha* (Arch. H. L., G. 469).

Elle tire son nom de la fontaine du Bachat, qui existait en 1313, et qui primitivement se trouvait en contrebas, au milieu de la place qui précède, avant d'être transportée sous la croix, du commencement du xvie siècle, représentant à sa face antérieure une Notre-Dame de Pitié. Son nom vient du mot bas-latin Bachassium, qui signifie réservoir.

Bien que le mot de Bac, adopté de nos jours pour cette rue, soit synonyme de Bachat, il conviendrait néanmoins de revenir à la forme ancienne, à raison des documents qui la consacrent.

BACONNERIE (Rue de la). Rue aujourd'hui disparue, jadis située sur la place du Plo.

En 1408, était connue sous le nom de *Baconaria* ; en 1519, *carreria de la Biddoyra* ; en 1587, *rue de la Bidoyre* ; en 1639, *rue de la Baconriee antiennement appelée de la Bidoyre*.

Étymologies : Baconnerye, du vieux français baconnier, signifiant charcutier ; la Bidoyre, du nom de la fontaine du Plo. (V. ce mot).

BAILLAGE (Rue du). De la rue du Général-Waldeck-Boudinhon, à la rue du Prat-du-Loup.

Cette rue prend son nom de l'ancienne juridiction du Baillage qui y siégeait, dont la création semble remonter à la réunion du Languedoc à la France, en 1271, et qui fut remplacé par un siège présidial, en 1689.

BAINS (Rue des). De la rue du Pont-Saint-Barthélemy à la rue des Carmes.

Portait ce nom, en 1795 (Arch. munic., E 113), lequel rappelle l'établissement de bains installé, dans ce quartier, par le chirurgien Placide Morel, à la fin du xviiie siècle.

BECDELIÈVRE (Rue de). De la rue des Tables à la rue Grasmanent.

Avant la délibération du Conseil municipal, du 17 juillet 1889, lui assignant le nom de Becdelièvre, en remplacement de celui de *rue Haute-Ville* qu'elle portait depuis 1869, cette rue s'appelait *rue de Séguret*, au moins à partir de 1234. En 1295, *carreria Secureti* ; en 1313, *carreria de Segureto* ; en 1524, *carreria de Seguret* ; en 1695, *rue appellée de Serveyre autrement Seguret* ; en

1698, *rue de Seguret où il y a le four de l'hôpital*; en 1723, *rue de Séguret qui mène à la maison de la cour commune*.

L'ancienne abbaye de Séguret, sise auprès de l'Hôtel-Dieu et qui exista du xe au commencement du xvie siècle, avait donné son nom à cette rue.

Celui de Becdelièvre rappelle le souvenir de François-Gabriel de Becdelièvre, instigateur des écoles industrielles du Puy, l'un des principaux fondateurs du Musée, auteur d'une remarquable notice sur les antiquités romaines de Margeaix et d'un artistique album de lithographies des principaux sites et monuments de la Haute-Loire, malheureusement inachevé, né au Puy, le 28 mars 1778, décédé le 1er octobre 1855, au château de Bigny, près Feurs (Loire).

La cour commune, mentionnée dans cet article, avait son siège, depuis 1527, dans l'immeuble de cette rue, dont la porte est encore surmontée d'une niche, avec la date de 1674, gravée sur un écusson. Cette cour, dans laquelle le roi et l'évêque exerçaient conjointement la justice, avait été établie en vertu du paréage conclu, en septembre 1307, entre Philippe le Bel et Jean de Comines, évêque du Puy.

BESSAT (Rue du). De la rue Chaussade à la rue Sarrecrochet.

Signalée, dès 1283, sous la forme *carreria del Bessat vel de Bessato* (H. L. G 261), cette rue n'a cessé de porter ce même nom, sans variantes orthographiques.

Étymologie : en bas latin, Bessatum, lieu bas et marécageux.

BONHOMME (Rue). De la rue Chaussade à la rue Crozatier.

La plus ancienne mention de cette rue, sous ce nom de Bonhomme, remonte à l'année 1343.

En 1351, *rue du Portal-Neuf à la Chaussade*; en 1454, *charreyra en Bonhome* ; en 1544, *en Bon-Homme*; en 1592, *rue de Bonhomme autrement Portal-Neuf ou rue des Corroyeurs*; en 1656, *rue de Bonhomme autrement de Gabrielou*; en 1699, *rue appellée de Gabrilou*; en 1699, *rue de Bonhomme*.

On ignore l'explication étymologique des mots Bonhomme, Gabrielou ou Gabrilou. Quant aux corroyeurs — artisans dont le métier consistait à donner le dernier apprêt aux peaux tannées — ils formaient l'une des plus florissantes corporations du Puy, pourvue de statuts depuis l'année 1523. (V. rue des Cordelières).

BOUCHER-DE-PERTHES (Rue). De la rue Grangevieille à la rue Pierre-Cardinal

Nom donné, par délibération du Conseil municipal, du 17 juillet 1889, à la *rue Traversière-Grangevieille*, en reconnaissance du legs d'une rente annuelle de 500 francs, fait au profit des ouvrières pauvres de la ville du Puy, le plus distinguées par leur travail et leur mérite, par Boucher de Perthes, écrivain et archéologue, né à Rethel, en 1788, mort à Abbeville, en 1868, dans son testament du 25 mai 1861.

A signaler, au n° 2 de cette rue, l'intéressante maison avec tourelle de l'époque Renaissance.

BOUCHERIE-BASSE (Rue de la). De la rue Chèvrerie à la rue du Général-Lafayette.

Connue, dès 1254, sous le nom *in Macello Inferiori*; en 1457, *el Masel-Soteyra*; en 1544, *la Basse-Bocherie*.

Toutes ces variantes latines, romanes ou françaises, signifient Boucherie-Basse.

Nous croyons devoir rappeler que ce fut l'importante corporation des bouchers du Puy qui provoqua, en 1276, la sanglante émeute populaire, à la suite de laquelle la ville fut privée, pendant 67 années de ses libertés consulaires (V. Rue du Consulat).

BOUCHERIE-HAUTE (Rue de la). De la rue des Tables à la rue des Farges.

Est signalée, pour la première fois, en 1254, sous la rubrique *Macellum Secureti*; en 1356, elle abandonne cette qualification de Séguret, pour s'appeler *Macellum Superius*; en 1455, *lo Masel Sobeire*; en 1590, *rue de la Bocherie-Haulte*.

BOUILLON (Rue du). De la rue Saunerie-Vieille à la place de la Platrière.

Était connue, en 1454, sous la dénomination de *en Barba-Funela*; en 1523, *charreire de la Plastreira*; en 1585, *rue de la Plastreyre*; en 1624, *rue de la Barbe-Funelle*; en 1690, *rue de la Platrière ou Barbe-Funelle*; en 1723, *rue de la Plastrière*; en 1760, *rue du Bouillon*.

Le nom de Barbe-Funelle provient d'un ancien logis ainsi dénommé, en 1271, *domus quæ vocatur Barba-Funela*, et celui de la Platrière, et ses variantes, des carrières de plâtre qui s'y trouvaient jadis. Quant à celui du Bouillon, d'origine moderne, il rappelle l'œuvre du Bouillon, due surtout à la libéralité d'un ancien Jésuite, devenu médecin au Puy, Jacques Jamon, décédé le 16 mars 1703, à l'âge de 80 ans, dans le Séminaire de cette ville, et qui, de son vivant, fit don d'une maison, sise rue Saunerie « pour le revenu être employé à fournir du bouillon aux pauvres malades » (Compois du Puy de 1723).

BREUIL (Place du). Place principale de la ville.

Citée, pour la première fois, en 993, sous le nom de *Brolium*; en 1342, *Brolium civitatis Anicii*; en 1343, *Pratum episcopi appelatum lo Brueylh*; en 1454, *beau pré appelé le Brueil* vel *le Breulh*; en 1727, *place du Breul*; en 1794, *place de la République*.

Étymologie : Brolium, en bas-latin, pré, verger.

La place actuelle du Breuil est une partie de l'ancienne prairie de ce nom, d'une contenance totale de 8 hectares, 2 ares et 48 centiares, et qui n'a cessé d'appartenir aux évêques du Puy, jusqu'à la Révolution. En vertu d'anciens privilèges, confirmés en 1383 et 1497, les habitants de la ville avaient a faculté d'y « prendre leurs esbats et passe-temps », après la fauchaison de la première herbe, jusqu'au premier vendredi de mars. Une partie de la prairie, confinant au mur d'enceinte, fut aménagée, en 1737, « en promenade », qui porta d'abord le nom de *Promenade du Breuil*, puis, vers 1787, de *Cours Galard*, en l'honneur de Marie-Joseph de Galard de Terraube, évêque du Puy, de 1774 à 1787, mort à Ratisbonne, le 8 octobre 1804. De 1782 à 1787, cette place fut l'objet de nombreux embellissements, dont le coût s'éleva à la somme de 7,561 livres 10 sous et, en 1876, des allées ombreuses de platanes complétèrent son ornementation.

On remarque sur cette place : 1° la Préfecture, œuvre disgracieuse d'un architecte parisien, du nom de Macquet, dont la première pierre fut posée en août 1822 et qui fut achevée en 1825 : — 2° le Tribunal civil, d'ordre toscan, édifié en 1835, d'après le dessin de M. Kleitz, ingénieur des Ponts et chaussées au Puy; — 3° la Fontaine, due à la libéralité de Charles Crozatier, œuvre successive des architectes Pradier et Compagnon, pour l'architecture, et du sculpteur parisien Bosio dit le Jeune, pour la sculpture, et inaugurée en février 1864 ; — 4° le Théâtre, construit sur les plans de l'architecte A. Martin, solennellement inauguré, le 8 juillet 1893, sous la présidence de M. Raymond Poincaré.

Sur l'emplacement actuellement occupé par la maison moderne portant le n° 33, se trouvait jadis un élégant hôtel qui servait de lieu de réunion aux membres de la Société cynégétique des Chevaliers de Saint-Hubert, établie au Puy, le 22 février 1762. Tout en s'adonnant aux plaisirs de la chasse, auxquels elle consacrait quatre jours, chaque année, cette association n'oubliait pas ceux de la table, qui étaient du reste obligatoires, puisque tout sociétaire qui n'assistait pas, en habit noir, aux banquets statutaires des Rois, de la Pentecôte et de la Saint-Hubert était passible d'une amende de 3 livres.

BUREL (Rue). V. **JEAN-BUREL** (Rue).

C.

CADELADE (Place). A la réunion du boulevard du Maréchal-Fayolle, des rues Chèvrerie, Cadelade et Sainte-Agathe, du faubourg Saint-Jean et de l'Avenue de la Gare.

Désignée, en 1574, sous le nom de *place de Cottelade*; en 1675, *place de Cathelade*.

Étymologie incertaine, à raison de la déformation du mot Cothelade, qui semble néanmoins indiquer le quartier des couteliers, primitivement établis dans la rue de l'Ouche (V. ce mot).

En vertu d'une délibération du Conseil municipal, du 24 juin 1822, le marché aux porcs, qui se tenait sur l'emplacement actuel de la Préfecture, fut désormais transféré sur cette place.

CADELADE (Rue). De la place Cadelade au boulevard du Maréchal-Fayolle.

Se nommait, en 1585, *rue de Cotelade*; en 1670, *rue de Cadelade.*

CAPUCINS (Rue des). Du boulevard Saint-Louis à la rue du Maréchal Latour-Maubourg.

Connue sous le nom de *faubourg des Capucins*, en 1722, et, en 1794, *de faubourg Marat*.

Rappelle le couvent des Capucins, fondé, le 4 juin 1609, sous l'épiscopat de Jacques de Serres, évêque du Puy, et détruit par un incendie, le 17 décembre 1791, peu après son occupation par les services administratifs du Directoire du département et de ceux du district du Puy.

CARMES (Rue des). Du boulevard du Maréchal-Fayolle à l'avenue de la Dentelle.

Connue, en 1544, sous le nom de *faubourg d'Avignon* et, avant la Révolution, sous celui de *faubourg des Carmes*, cette rue devint, en 1794, le *faubourg de la Liberté*.

Les Carmes, d'où cette rue tire son nom, vinrent s'établir au Puy, en 1284, et jetèrent les premiers fondements de leur église l'année suivante. Mais l'opposition qu'ils rencontrèrent auprès du clergé séculier les obligea à surseoir à leur installation, jusqu'en juillet 1316, date à laquelle l'évêque Bernard de Castanet mit un terme aux vexations dont ils étaient l'objet. Dans la première moitié du XIVe siècle, ils purent librement parachever leur église, dont la façade a été reconstruite au XIXe siècle, ainsi que leur couvent, qui fut réédifié après sa destruction par un incendie, survenu le 8 août 1562.

CARNOT (Boulevard). Du boulevard Saint-Louis à l'église Saint-Laurent.

Portait le nom de *boulevard Saint-Laurent*, avant la délibération du conseil municipal, en date du 27 juin 1898, lui assignant cette nouvelle dénomination, en hommage à la mémoire du président Sadi Carnot, assassiné à Lyon, le 24 juin 1894.

Le nom de Saint-Laurent est celui d'un ancien hôpital, englobé, en 1221, dans la construction du couvent des Jacobins, qui adoptèrent ce vocable pour leur église gothique, dont l'édification semble bien se rapporter à la date de 1340, qu'on relève intérieurement sur la base d'une colonne.

Près de l'église Saint-Laurent, se trouvent les bâtiments claustraux des Jacobins, de nos jours occupés par les religieuses de Saint-Vincent de Paul, qui vinrent s'établir au Puy, vers l'année 1834.

Pour éviter toute confusion avec le général Lazare Carnot, l'aïeul du président, il conviendrait, comme à Lyon, de préciser le nom de ce boulevard, en le dénommant « Président-Carnot ».

On doit à la large générosité de M. le docteur Paul Vibert la belle fontaine inaugurée, le 21 octobre 1906, sur l'un des bas-côtés de ce boulevard et qui est surmontée de la reproduction en bronze de la célèbre Nymphe Amalthée ou Baigneuse du sculpteur Pierre Julien.

CASERNE-MOUTON-DUVERNET (Rue de la). De la rue de l'Ancien-Musée à la rue de Vienne.

On ignore la date de cette nouvelle dénomination, qui remplaçait celle de *rue de la Caserne-Sainte-Marie*. Ces appellations rappellent :

1° Le couvent de Notre-Dame de Sainte-Marie, fondé, le 25 mars 1610, par les religieuses de Notre-Dame, de Bordeaux, pour l'instruction des jeunes filles et l'enseignement de la dentelle, qui devint une caserne, en 1792.

2° Régis-Barthélemy Mouton-Duvernet, général de division, commandeur de la Légion d'honneur, député de la Haute-Loire, en 1814, né au Puy, le 3 mars 1770, fusillé à Lyon, le 28 mars 1816, pour sa fidélité à Napoléon au moment des Cent-jours.

CASERNE-ROMEUF (Rue de la). De la rue Charles VII au boulevard George-Sand.

En 1730 et 1807, cette rue s'appelait *chemin des Quatre-viots*, du mot provençal viol qui signifie sentier ; en 1848, date de la reconstruction de la première caserne édifiée dans ce quartier, au XVIIIe siècle, sur les plans dressés, en 1752, par Jean-Baptiste Hack, architecte et peintre, né à Anvers, en 1686, mort au Puy, le 24 mai 1768, on lui donna le nom de *rue des Casernes*.

Le nom de *Caserne-Romeuf*, évoque le souvenir de deux frères, l'un et l'autre aides de camp du général Lafayette, officiers généraux sous le premier Empire et commandeurs de la Légion d'honneur : 1° Romeuf (Jean-Louis de), général de brigade, gouverneur de Varsovie, né à La Voûte-Chilhac, le 27 septembre 1766, tué à la bataille de la Moskowa, le 7 septembre 1812, dont le nom a été inscrit sur l'Arc de triomphe de l'Étoile : — 2° Romeuf (Jacques-Alexandre), général de brigade, officier d'ordonnance de Murat, roi de Naples, né à La Voûte-Chilhac, le 19 novembre 1772, décédé à Paris, le 26 avril 1845.

C'est dans cette rue que se trouvait le siège de la société bachique de la Franche-Amitié, fondée au milieu du XVIIIe siècle et qui avait pour devise : Amicis poculis. Cette société fusionna avec celle des Chevaliers de Saint-Hubert, le 9 décembre 1770 (V. Place du Breuil).

CHAMARLENC (Rue du). De la rue Panessac à la rue Raphaël.

Cette rue existait, en 1294, sous le nom de *carreria de Chamarlanco*; en 1600, rue *du Chamarlenc*.

Étymologie probable : de l'ancien français Chamarlenc, dérivé du bas-latin Charmalencus, qui signifie Chambellan, Chancelier.

Sur la façade de la maison n° 16 de cette rue, on remarque deux curieux mascarons sculptés, du XVIIe siècle, rappelant l'existence de la Société badine des Cornards du Puy, dont on ignore les origines et qui n'a laissé d'autres souvenirs qu'une chanson patoise, en 25 couplets, et une petite épingle, ornée d'un chaton et munie de deux cornes, conservée au musée de la ville et qui ornait le chapeau du maître de cette confrérie, les jours de fêtes.

CHARLES VII (Rue). Du boulevard Carnot à la rue Du Guesclin.

Antérieurement à la Révolution, et depuis au moins 1681, cette rue portait le nom de *faubourg de Panessac* ; en 1794, *faubourg de l'Égalité*; vers 1810, *rue des Quatre-Avenues*; vers 1865, *rue du faubourg Panessac* ; en 1875, *rue Charles VII*.

L'appellation de Charles VII rappelle que ce roi vint en pèlerinage au Puy, en 1420, 1424 et 1439 (1).

CHAUSSADE (Rue de la). De la place du Martouret à la place du Théron.

En 1227, on trouve au Puy un personnage du nom de *Vitalis dé la Chaussada*. (Hôtel-Dieu, B 134), mais la première mention de la rue est de 1273, sous la forme *carreria de la Calsada* ; en 1283, *carreria de Calsiata* ; en 1338, *carreria de Calciata* ; en 1456, *en la Chaussada* ; en 1544, *rue de la Chaussade*; en 1794, *rue de l'Égalité*.

Étymologie : Chaussada ou Calciata, en bas-latin, signifie chaussée, chemin pavé.

CHÈNEBOUTERIE (Rue). De la place du Plo à la rue Raphaël.

Citée, pour la première fois, en 1239, sous le nom de *in Chanabataria* ; en 1344, *carreria de Chanebateria* ; en 1585, *rue de la Chèneboterie* ; en 1691, *rue de la Chènebouterie*.

Son nom lui vient des chanvriers, marchands de toile de chanvre, dénommés jadis canabassiers et qui y exerçaient leur industrie, qui formait déjà une corporation prospère, au début du XVIe siècle.

Il importe de signaler, dans cette rue, les maisons portant les numéros suivants : n° 6, façade de maison, reconstruite en 1756, avec sa curieuse sculpture scatologique au niveau des lucarnes; — n° 9, très belle façade de l'année 1592, écusson armorié sur un portail: — n°s 10, 12 et 14, pièces du rez-de-chaussée voûtées sur croisées d'ogives, de la fin de l'époque gothique

(1) Nous donnons cette dernière date, d'après l'original des lettres patentes, données au Puy même, le 27 avril 1439, par Charles VII, qui exempta l'Hôtel-Dieu de cette ville des aides, impositions « huistième de vin de la revenue et creu de ses héritages, possessions et bénéfices » (Arch. de l'Hôtel-Dieu, série H). Médicis (*Chroniques*, t. I, p. 250) commet donc une erreur, en assignant l'année 1438 à la venue de ce roi au Puy. Dans son histoire de Charles VII (t. II, p. 397), M. Vallet de Viriville confirme cette date de 1439.

(commencement du XVIe siècle); — n° 16, construite en 1574, portant au 3e étage les armes parlantes d'un maçon; — n° 17, du XVIIIe siècle, avec sa banderole du 2e étage, où l'on a gravé une devise latine qui dénote une philosophie résignée.

CHEVALIERS-SAINT-JEAN (Rue des). Du faubourg Saint-Jean à la rue de la Gazelle.

V. pour l'historique de ce nom, Saint-Jean (Faubourg).

CHÈVRERIE (Rue). De la rue du Général-Lafayette à la place Cadelade.

Cette rue, qui existait en 1280, fut successivement appelée : en 1313, *la Chabraria*; en 1524, *rue del Palais ou de la Chabreyre*; en 1595, *rue appellée de la Chabrerie*; en 1598, *rue de la Verdure autrement la Chabraire*; en 1632, *rue de la Chavrerie*; en 1689, *rue de la Chèvrerie*.

Du bas-latin capraria, signifiant étable à chèvres, étymologie confirmée par le compois du Puy, de 1544 qui parle des « estables de la Chabraria ».

CLAUSEL (Place du). Partie de la place du Martouret (V. ce mot).

La première mention de cette place remonte à l'année 1323, où elle est désignée *Cimiterium hospitalis Beate Marie, vocatum de Clausello*; en 1327, *Clausellus Beate Marie Aniciensis*; en 1544, *grand cimentière de l'hôpital*; en 1689, *le Clozel*.

Du mot bas-latin clausellus, qui veut dire lieu fermé.

Ce cimetière, qui servait surtout de lieu d'inhumation pour les pauvres de l'Hôtel-Dieu, fut désaffecté, en 1654, et les ossements furent transférés dans le cimetière de l'hôpital de Saint-Robert d'Aiguilhe, qui existait au moins depuis l'année 1088, sous le nom primitif de Saint-Nicolas.

CLOITRE (Rue du). De la rue de l'Ancienne-Préfecture à la place du For.

Cette rue, connue de nos jours sous la dénomination vulgaire d'*escalier boiteux* ou *des boiteux*, portait le nom, en 1343, de *carreria de Chambalha*; en 1544, *rue appellée de Chambalhio*; en 1613, *rue de Chambalhe*; en 1711, *rue de Chambalio*; avant la Révolution, *rue du Cloître*; en 1794, *rue de la Franchise*.

C'est la rue par laquelle on se rend habituellement au cloître de la cathédrale, remarquable monument, de style roman, construit à la fin du XIe siècle et au cours du XIIe, et dont, notamment, les chapiteaux et la corniche sont ornés de feuillages ou de motifs historiés d'un grand art architectural.

COLLÈGE (Rue du). De la place du Martouret à la rue du Bessat.

Cette rue est mentionnée, dès l'année 1301, sous le nom de *Sabatterie-Vieille*; en 1457, *Sabbataria Velha*; en 1506, *carreria Sabbaterie Veteris*; en 1684, *rue du Collège*; de 1689 à 1698, *Sabbaterie-Vielle ou rue des Jésuites*; en 1712, *rue de la Sabbatterie-Vieille ou du Collège*; en 1794, *rue de la Réunion*.

Le nom de Sabbaterie, vient du mot bas-latin Sabateria, qui signifie quartier des cordonniers, qui obtinrent, en septembre 1576, conjointement avec les tanneurs du Puy, des lettres royaux portant confirmation des statuts de leur corporation.

Celui de Collège lui a été donné en raison de l'ancien Collège fondé, en 1588, par les Jésuites, en remplacement d'une institution du même genre qui existait, depuis 1571, dans le quartier de la Chèvrerie et qui était dirigée par des instituteurs laïques. Les bâtiments de ce collège, aujourd'hui affecté au Lycée de garçons, ont subi de nombreux remaniements qui rendent à peu près méconnaissables leurs dispositions primitives. Son église, construite sur les plans du jésuite Etienne Martellange et dont la première pierre fut posée le 14 juillet 1604, subsiste avec les colonnes d'ordre dorique de sa façade, son retable en bois sculpté et sa peinture du crucifiement.

On remarque, dans cette rue, les maisons portant les numéros 22 et 29, la première de 1640 et la seconde de 1669, cette dernière, ancienne demeure des imprimeurs aniciens Clet, plus particulièrement intéressante, à raison de l'agréable ornementation des claveaux de ses portes.

COLOIN (Chemin de). Partie du chemin vicinal n° 15, au-dessus de la gare.

Cette dénomination de Coloin vient d'un vignoble de ce nom, sis dans la commune du Puy et qui existait au début du XIIe siècle. En 1136, *vinea de Colon*; en 1243, *Coloin*; en 1323, *vinetum de Coloynh*; en 1408, *en Colonh*; en 1562, *terroir de Coloing*; en 1729, *la vio Machadeyre ou Coloin.*

Le mot Coloin dérive du mot bas-latin Colonia, qui veut dire ferme, métairie.

On doit écrire Coloin et non Coulein.

CONSULAT (Rue du). De la rue Panessac à la rue Raphaël.

Portait primitivement le nom de rue de Villeneuve. En 1386, *carreria de Villanova*; en 1457, *Chanto del Cossolat*; en 1565, *rue du Consulat*; en 1794, *rue de la Régénération.*

Étymologies : Dans Villanova, on trouve le mot villa, d'origine franque, employé à l'époque carolingienne (752-987), pour désigner un domaine rural.

Le nom de Consulat vient de l'ancienne maison consulaire sise dans cette rue et qui avait été acquise, le 28 août 1364, par les consuls, jusque-là obligés de tenir leurs réunions dans le couvent des Cordeliers. Cette maison fut vendue, le 9 mars 1643, moyennant 1.000 livres, à Alphonse de Pauche, juge de la cour commune du Puy, qui en fit un jardin, et les consuls émigrèrent sur la place du Martouret (V. ce nom).

Quant au consulat lui-même, son établissement remonte au mois de mars 1219, date à laquelle le roi Philippe-Auguste confirma un accord précédemment conclu entre les bourgeois et l'évêque du Puy, Robert de Mehun, au sujet de leurs droits et prérogatives réciproques. Cette institution eut d'abord un cours régulier, mais à la suite d'une émeute sanglante provoquée, en 1276, par les bouchers de la ville et dans laquelle le baile, le viguier et les quatre sergents de la cour séculière de l'évêque furent massacrés, elle fut supprimée, en avril 1277, par un arrêt de la cour du Roi. Rétablie, en janvier 1344, par une ordonnance de Philippe de Valois, elle fonctionna sans interruption jusqu'à la promulgation du décret de l'Assemblée nationale, en date du 14 décembre 1789, qui la remplaça par un conseil général de la commune, composé de 11 officiers municipaux et de 24 notables.

CORDELIÈRES (Rue des). De la rue Crozatier à la rue du Portail-d'Avignon.

Mentionnée, en 1447, sous la forme *En la Cordaria* ; en 1502, *carreria ouchie Cordelhatorum*; en 1533, *carreria de l'Ouche des Cordelhayres* ; en 1624, *rue du Temple aultrement lous Courdilhayres* ; en 1668, *rue des Cordiers appelée en langue vulgaire lous Courdiliaires* ; en 1794, *rue du Travail*.

Nom dérivé du bas-latin cordarius, qui signifie cordier.

Le 31 août 1480, les cordiers qui formaient à cette époque une confrérie avec les corroyeurs, fondèrent une messe dans l'église des Cordeliers du Puy.

COURRERIE (Rue). De la place du Martouret à la place du Plo, côté Nord.

La plus ancienne mention de cette rue remonte à l'année 1212, sous la forme *En la Corretaria*; en 1313, *carreria de Coyrataria*; en 1515, *carreria de la Correyra*; en 1597, *rue de la Correyrie*; en 1691, *la Corerie*; en 1693, *rue de la Courrerie*.

Du mot bas-latin corretaria vel corrateria, signifiant office de courtier, courtage. Les courtiers jouèrent jadis un rôle fort important dans la vie économique de la France, en raison de leur intervention dans les opérations commerciales ou financières.

On remarque, dans cette rue, les maisons suivantes : n° 4, intéressante tourelle, de 1578, et cour avec galeries ; — n° 6, belle galerie, de la fin du XVe siècle, et curieux chien sculpté à l'une des fenêtres de la façade ; — n° 10, façade Renaissance, avec motifs sculptés et, à l'intérieur, tourelle de l'année 1571.

CROZATIER (Rue). De la rue Chaussade à la place du Breuil

Le percement de cette rue fut voté par le Conseil municipal, le 24 mai 1853. Elle reçut le nom de *rue Crozatier*, par délibération du 19 février 1861, en mémoire de Charles Crozatier, fondeur et ornemaniste, né au Puy, en 1794, mort à Paris, le 8 février 1855. Par son testament, du 27 janvier 1855, cet artiste a fait don à sa ville natale d'une somme de 100.000 francs, pour la construction d'un nouveau musée, de 200.000 francs pour l'édification d'une fontaine monumentale, et de 40.000 francs, dont les revenus servent à entretenir un élève des écoles industrielles du Puy à l'école des Beaux-Arts à Paris.

D.

DENTELLE (Avenue de la). De l'avenue de Taulhac à l'avenue de la gare.

Ce nom a été donné à l'ancienne *avenue des Carmes*, par délibération du Conseil municipal du Puy, du 25 mars 1910, à la suite de l'ouverture, dans cette avenue, d'une école pratique de perfectionnement de la dentelle, connue sous le nom de la Dentelle au foyer, et dont la création est due à l'heureuse initiative de M. Pierre Farigoule, président de la Chambre syndicale des dentelles de la Haute-Loire, officier de la Légion d'honneur, né à Lissac, le 29 mai 1852, décédé au Puy, le 29 juillet 1914.

Les documents historiques permettent d'assigner aux premières années du XVIIe siècle les origines de la fabrication de la dentelle du Puy. Très prospère à ses débuts, elle eut à subir diverses crises, provoquées par des édits somptuaires qui en interdisaient l'usage (1640), des rivalités entre fabricants (1668), ou des méventes (1710). Néanmoins elle lutta avantageusement contre ces entraves passagères puisque, en 1720, son produit s'élevait à trois millions de livres par an, en 1776, grâce à ses exportations en Angleterre, Italie, Allemagne, Hollande et au Mexique, elle occupait plus de 80.000 ouvrières et, en 1787, elle comptait au Puy seul « 173 marchands dentelliers, dont douze faisaient un commerce très étendu » jusqu'en Amérique.

DERRIÈRE-L'ANCIEN-MUSÉE (Rue). De la rue de Vienne à la rue de l'Ancien-Musée.

Cette rue se nommait : en 1294, *carreria de la Selva* ; en 1326, *carreria de Silva* ; en 1520, *carreria de Silva sive de Viane* ; en 1544, *rue de la Seauve.*

L'appellation de Séauve semble inspirée par l'ancien monastère des religieuses cisterciennes de ce nom, sis près de Saint-Didier-la-Séauve, mais aucun titre authentique ne confirme cette supposition. On sait seulement qu'en 1242, il existait, dans cette rue, une maison appelée Domus de Sylva. (V. rue de l'Ancien-Musée).

DERRIÈRE-LA-BOUCHERIE-BASSE (Rue). De la rue du Général-Lafayette à la rue du Pouzarot. (V. rue de la Boucherie-Basse).

DERRIÈRE-SAINTE-AGATHE (Rue). De la place Cadelade à la rue Droite. (V. rue Sainte-Agathe).

DOLAIZON (Rue). Du boulevard Maréchal-Fayolle à la rue Chèvrerie.

Mentionnée, dès 1289, sous la rubrique, *carreria de Dolezo* ; en 1390, *territorium Dolesonis sive Obradors* ; en 1544, *En Dolezon* ; en 1611, *rue du Porchy*; en 1622, *rue de Dolezon* ; en 1760, *rue du Porche* ; en 1794, *rue Dolaison.*

Etymologies : Dolaizon et ses variantes, nom du ruisseau affluent de la Borne ; — Obradors, signifiant ouvroirs, en provençal ; — Porchy et Porche, nom d'une maison appelée par Médicis (Chronique, II, 254) le Porghe.

DROITE (Rue). De la rue Derrière-Sainte-Agathe au faubourg Saint-Jean.

Signalée, en 1282, sous le nom de *carreria de Pena Veyra* ; en 1674, *rue de*

Panavayre ou Portaret; en 1685, *rue de Panavayre autrement de Pozarot*; en 1689-93, *rue de Planaveyre*; en 1730, *rue de Panaveyre ou rue Droite.*

La déformation des anciens noms de cette rue rend impossible toute explication étymologique rationnelle.

DU GUESCLIN (Rue). Du boulevard Carnot à la rue de la Caserne-Romeuf.

Antérieurement à 1889, cette rue était dénommée *rue des Quatre-Avenues*. Le nom de Du Guesclin rappelle que ce célèbre connétable, né en Bretagne, vers 1320, mort au siège de Châteauneuf-Randon (Lozère), le 13 juillet 1380, fut embaumé par les Jacobins du Puy et que ses entrailles furent enfermées dans un mausolée placé à l'extrémité du collatéral nord de l'église Saint-Laurent. Ce monument funéraire subit de graves mutilations, lors du sac de cette église par les Huguenots, en 1562, et quant aux entrailles elles en furent retirées, le 5 septembre 1800, dans l'intention de les déposer au bas d'une colonne que l'on avait projeté d'élever « en l'honneur des braves morts au champ d'honneur », mais qui ne fut jamais érigée. Par arrêté préfectoral du 6 juin 1806, ces précieuses reliques furent réintégrées dans leur primitif mausolée.

E.

ÉPERVIER (Rue de l'). Ruelle, sans plaque indicatrice, de la rue des Tables à la place Saint-Maurice.

Dénommée, en 1544, *chanton de l'Espervier*; en 1760, *rue de l'Epervier.*

Ce nom provient probablement de l'enseigne d'un ancien logis.

ÉTIENNE-MÉDICIS (Rue). De la rue Grenouillit à la rue Panessac.

Cette rue ne portait aucun nom, avant la délibération du Conseil municipal, du 17 juillet 1889, qui lui a assigné celui de *rue Etienne-Médicis.* En 1544, le compois du Puy la désigne en ces termes : *ruette tendant de Panassac en Granoillet.*

Etienne Médicis qui a donné son nom à cette rue, où il possédait une maison, est l'auteur de Chroniques très estimées sur la ville du Puy, où il naquit, en 1475, et mourut à la fin de l'année 1565.

F.

FARGES (Rue des). De la rue des Tables au boulevard Carnot.

Mentionnée sous les formes suivantes : en 1283, *carreria de Fargia*; en 1340, *carreria de Fargiis*; en 1402, *rue des Farges*; en 1456, *En Las Farghas*; en 1794, *rue de la Montagne.*

Étymologie : Du bas-latin fargia, signifiant forge.

A signaler, dans cette rue, les maisons : n° 7, cour intérieure, galerie, portes et fenêtres de style gothique fleuri, des premières années du XVIe siècle ; — n° 17, tourelle d'escalier, avec porte ogivale, galerie gothique au rez-de-chaussée, de la fin du XVe siècle ; — n° 24, satyres et tritons, d'une belle facture, du XVIIe siècle.

FÉLIX-BOUDIGNON (Rue). De la rue Saint-Gilles à la rue Saint-Jacques.

Anciennement cette rue se divisait en deux parties :

1° Celle du côté de la rue Saint-Gilles, appelée, en 1240. *Pous-en-Gayte*; en 1544, *Pos-en-Gayta*,

2° Celle du côté de la rue Saint-Jacques, ainsi désignée : en 1246, *la Clauso*; en 1522, *la Clouso* ; en 1544, *la Clauzo, la Clauson, la Clauzon* ; en 1603, *la Cloze* ; en 1698, *la Clauson.*

En 1717, l'entière rue portait le nom de *rue de la Clauzon ou de l'Ange* ; en 1729, *rue de l'Ange* ; en 1794, *rue Coudée* ; une délibération du Conseil municipal, du 23 mai 1922, lui a assigné celui de *rue Félix-Boudignon.*

Étymologies : Pous-en-Gayte, indique l'existence d'un puits (pous) et gaite est probablement emprunté à un terroir ; — Clauzon ou ses variantes, provient de la proximité de cette rue avec les murs d'enceinte de la ville, ce mot dérivant du bas-latin clausum ou closum qui signifie clos, enclos ; — le nom de rue de l'Ange a été inspiré par un ange gardien, sculpté sur une niche qui orne une maison de cette rue ; — la dénomination actuelle a été donnée en commémoration de M. Félix Boudignon, ancien juge au tribunal de commerce, ancien maire du Puy, chevalier de la Légion d'honneur, né au Puy, le 23 avril 1848, décédé dans cette ville, le 6 août 1920.

FONDERIE (Impasse de la). Dans la ruelle de la Passerelle-de-Taulhac.

Cette impasse doit son nom à l'atelier moderne de constructions mécaniques qui s'y trouve.

FOR (Place du). Au sommet de la rue du Cloître.

On trouve cette place ainsi dénommée : en 1224, *in Foro Anicii* ; en 1327, *platea vocata lo For* ; en 1428, *Forum tholoneum* ; en 1499, *For Nostre-Dame* ; en 1645, *place du Fort.*

Cette place tire son nom du tribunal (forum) de l'official, juge spirituel de l'évêque, qui y avait son siège. On doit donc supprimer le T final, pour éviter qu'on ne laisse croire à l'existence d'un fort imaginaire.

Outre le porche sud-est de la cathédrale, œuvre de la fin du XIIe siècle, d'une conception aussi belle que hardie, on remarque sur cette place : 1° un petit autel de pierre, malheureusement mutilé, des dernières années du XVe siècle, connu sous la dénomination d'oratoire de Pierre Odin, savant homme d'église, chanoine du Puy et abbé de Saint-Vosy, originaire de Dijon et décédé au Puy, en 1502. C'est ce personnage qui fit aussi exécuter les remarquables fresques des Arts libéraux sur les murs de la salle dite des États de la cathédrale, qui composa la première histoire de Notre-Dame du Puy, publiée en 1890, par M. Ch. Rocher, dans les *Mémoires* de la Société agricole et scientifique, et qui se constitua une collection de manuscrits précieux, dont plusieurs sont venus enrichir la Bibliothèque nationale ; — 2° L'évêché, d'un médiocre intérêt architectural, dont la réédification fut décidée en principe en 1824 et commencée en 1828. Ce monument, désigné dès l'année 1034 par le mot chesa (palais épiscopal), avait été détruit par un incendie, le 28 novembre 1782 et, en vue de sa reconstruction, l'évêque du Puy, Galard de Terraube, avait obtenu du Roi, en 1784, le fructueux bénéfice (60.000 livres par an) de l'abbaye de Saint-Paul de Verdun ; — 3° l'hôtel de Saint-Vidal qui fut, croit-on, édifié par Jean de Chandorat, évêque du Puy de 1342 à 1355, dans lequel on remarque de grandes caves étagées, des clefs de voûte et une cheminée armoriées, et une belle tourelle du XVIe siècle.

FRANCHETERRE-SAUVADET (Rue). Du boulevard Carnot au boulevard George-Sand.

Connue, dès 1511, sous le nom de *faulxbourgs Sainct-Laurens*, cette rue a conservé ce nom jusqu'en 1794, où elle devint le *faubourg de la Montagne*. Après la Révolution, elle reprit son nom de *faubourg Saint-Laurent*, jusqu'à la délibération du Conseil municipal, du 11 septembre 1905, lui assignant celui qu'elle porte actuellement, en reconnaissance du don généreux de Madame Francheterre-Sauvadet, en faveur de l'école pratique de commerce et d'industrie, située dans ce quartier, et dont la création a été votée par le Conseil municipal, dans sa séance du 21 décembre 1901.

FRANCISQUE-MANDET (Rue). Du faubourg Saint-Jean à l'Avenue de la République.

Rue moderne, à laquelle ce nom a été donné par délibération du Conseil municipal, du 29 novembre 1901, en souvenir de Francisque Mandet, conseiller à la Cour d'appel de Riom, auteur, entre autres, d'une Histoire de la langue romane (1840), d'une Histoire des guerres civiles dans les montagnes du Velay (1840), d'une Histoire poétique de l'ancien Velay (1842) et d'une Histoire du Velay (1860-1861), né au Puy, le 29 août 1811, mort à Riom, le 23 juin 1885.

FRÈRE-THÉODORE (Rue du). Du boulevard Saint-Louis à la rue du Maréchal-de-La-Tour-Maubourg.

Ce nom a été assigné à cette rue, par délibération du Conseil municipal, du 17 juillet 1889, en remplacement de celui de *ruelle des Capucins* qu'elle portait antérieurement.

Consacre le souvenir de Bouchard de Champigny, plus connu sous le nom de frère Théodore, auteur d'une Histoire de l'église angélique de Notre-Dame du Puy, parue en 1693, originaire de Bourgogne, décédé le 17 février 1710, dans son hermitage de Monistrol-sur-Loire.

G.

GAMBETTA (Boulevard). Du boulevard Saint-Louis au chemin d'Espaly.

Nom donné par délibération du Conseil municipal, du 14 juillet 1896, à l'ancienne *Avenue d'Espaly*, créée en 1788, en l'honneur de Léon Gambetta, homme politique, né en 1838, mort en 1882.

GARE (Avenue de la). De la place Cadelade à la Gare.

Avenue créée au moment de la construction du chemin de fer du Puy à Saint-Étienne, dont l'inauguration solennelle eut lieu le 13 mai 1866.

GAZELLE (Rue de la). De l'avenue de la Gare au chemin de Bellevue.

Portait le nom de *chemin de la Gazelle*, avant la délibération du Conseil municipal, du 17 juillet 1889, qui lui a assigné cette nouvelle dénomination aussi banale que la première, puisque son nom de Gazelle provient d'une source d'eau dont on ignore l'emplacement exact.

GÉNÉRAL-LAFAYETTE (Rue du). De la place du Théron à la rue Sous-Sainte-Marie.

Cette rue a été ainsi dénommée, en 1878, à la suite de sa création. Son nom rappelle le mémoire de Marie-Paul-Joseph Gilbert, marquis de Lafayette, général et homme politique, célèbre pour sa participation à la guerre de l'Indépendance américaine et son rôle important en 1789 et 1830, né au château de Chavagnac (Haute-Loire), le 6 septembre 1757, mort à Paris, le 20 mai 1834, et dont la statue en bronze, érigée sur le boulevard Saint-Louis, a été solennnellement inaugurée, le 6 septembre 1883, sous la présidence de M. Waldeck-Rousseau.

GÉNÉRAL-WALDECK-BOUDIGNON (Rue du). De la rue Guy-François à la rue Adhémar-de-Monteil.

Cette rue est désignée : en 1313, *carreria de Charcomprada*; en 1544, *chanton de Carcompade*; en 1565, *ruete de Charcrompada* ; en 1599, *rue de Charcomppade* ; en 1606, *rue Charcrompade*; en 1799, *rue Saint-Léonard*.

On ignore les explications étymologiques des noms de Charcomprada et ses variantes, ainsi que celui de Saint-Léonard. La dénomination actuelle a été donnée à cette rue par décision du Conseil municipal, du 17 février 1921, confirmative d'une délibération, du 18 avril 1913, qui a tenu à honorer la mémoire de Jean-Claude-Waldeck Boudignon, maréchal de camp, commandant de la garde nationale de Saint-Etienne, en 1830, conseiller général de la Haute-Loire, de 1831 à 1833, commandeur de la Légion d'honneur, né au Puy, le 19 octobre 1771, décédé à Cornilhon (Loire), le 5 novembre 1846.

Dans cette rue se trouve un vaste immeuble, connu sous le nom de maison de Saint-Léonard et qui a successivement servi de siège au bailliage du Velay, « la court du Roy », de prison pendant la Révolution et jusqu'au 16 avril 1799, date du transfert des détenus dans la prison de la Visitation, de salle d'asile, inaugurée le 15 septembre 1848 et, en dernier lieu, d'école laïque.

GEORGE-SAND (Boulevard). Du boulevard Carnot à la caserne Romeuf.

Ce boulevard connu, en 1711, sous le nom de *rue du Pont-d'Estrolhas*, a pris le nom de *boulevard de l'Abattoir*, à raison de l'abattoir, construit dans ce quartier, en 1830, et livré à l'usage public le 18 mai 1832, et dont le déplacement, sur le prolongement du boulevard Saint-Jean, fut décidé, par le Conseil municipal, le 26 mai 1893. La ville du Puy possédait déjà, à la fin du XVIIe siècle un « escorchoir », comme on l'appelait alors, sis au fond de la prairie du Breuil, mais, en 1706, on dut l'abandonner « estant remply d'eau », pour le transférer rue Boucherie-Basse. Cet établissement, réparé en 1743, n'eut qu'une courte durée et les bouchers le délaissèrent pour abattre dans eur domicile, jusqu'en 1832, où l'autorité mit un terme à cette insalubre olérance.

Le nom de George-Sand, donné à ce boulevard, par délibération du Conseil municipal, du 29 novembre 1901, est le pseudonyme d'Armantine-Lucile-Aurore Dupin, baronne Dudevant, née à Paris le 5 juillet 1804, morte au château de Nohant (Indre) le 7 juin 1876, auteur de nombreux romans dont deux, Jean de La Roche (1860) et le Marquis de Villemer (1861), consacrent de belles pages à la cathédrale du Puy et aux châteaux de Polignac et de Laroche-Lambert.

GOUTEYRON (Rue). De la rue de l'Hôpital-général à la porte du Gouteyron.

Cette rue est ainsi dénommée dans les textes anciens : en 1321, *l'Eschadafalc* ; en 1343, *carreria publica versus l'Eschaudeffaut* ; en 1448, *l'Eschadafaut Aculex* ; en 1723, *rue du coin de Giraudon, par où l'on va de la porte de Gouteyron aux hôpitaux*.

Étymologies : Le mot Eschadafalc, et ses variantes, en provençal Escadafalc, semblent indiquer qu'il existait jadis, dans ce quartier, une estrade ou planche pour l'exposition des criminels. On ignore les origines et l'explication du nom de coin de Giraudon. Quant à Gouteyron, donné à raison de la proximité de la porte de ce nom, que l'on voit encore de nos jours et qui existait dès l'année 1295, il signifie, en vieux français (gouteron), gouttière, dans le sens de conduite d'eau.

C'est à l'extrémité de cette rue que les Frères des Écoles chrétiennes ouvrirent, en 1741, une école publique, dans un immeuble mis à leur disposition par Madame Marie de Colin des Roys, veuve de Pons-Gaspard de Pinot, juge-mage et lieutenant-général de la sénéchaussée du Puy, qui leur en fit don en 1744. Cet immeuble devint la propriété des hospices, en 1796, comme valablement subrogés par la donatrice aux droits des Frères, obligés d'abandonner leur enseignement, au moment de la Révolution, et servit d'asile aux enfants orphelins.

GRANGEVIEILLE (Rue). De la rue Panessac à la rue des Tables.

A son origine, cette rue comprenait deux parties :

1° De la rue Panessac à la rue de l'Ouche, elle portait le nom de Grangevieile, sous les formes de : *vicus de Grangia*, en 1283 ; *carreria de Grangia veteri*, en 1328 ; *en Grangha Velha*, en 1457 ; *rue de la Grange Vielhe*, en 1603.

Étymologie : grangia, en bas-latin, lieu où l'on bat le blé.

2° De la rue de l'Ouche à la rue des Tables, elle était désignée, depuis 1261, sous le nom de rue de Saint-Julien, ainsi transcrit dans les actes anciens : *carreria Sancti Juliani*, en 1283 ; *la charreyre S. Julia*, en 1408 ; *charreyre Saint-Jolia*, en 1457 ; *rue Sainct-Julhien*, en 1544.

Étymologie : Cette rue tire son nom du terroir sur lequel elle a été établie et qui, avant 1261, était dénommé territorium Guillelmi Juliani, que l'on doit traduire par champ ou terre de Guillaume Julien. Le déterminatif saint a remplacé, vers 1283, le prénom de Guillaume, dans l'intention sans doute de rappeler le vocable de la collégiale de Saint-Julien de Brioude, fondée au IVe siècle.

Dès le début du XVIIe siècle, les deux rues se confondent en une seule, désignée, en 1605, sous l'appellation *rue de la Grange-Vielhe, jadis appelée de Sainct-Julien*, et, en 1618, *rue de Sainct-Julien, aultrement la Grange-Vieille*. A partir de 1620, le nom de Grangevieille est seul usité.

On remarque dans cette rue la maison portant le n° 23, à raison de ses vestiges du XVe siècle, de sa cheminée en pierre et de sa façade du XVIe siècle, remaniée en 1734.

GRASMANENT (Rue). De la rue Saint-Maurice à la rue Saint-Mayol.

C'est une partie de la rue primitive de Gouteyron, que l'on trouve ainsi dénommée anciennement : en 1408, *Gauteyro* ; en 1544, *carreria de Gouteyro* ; en 1711 et 1723, *rue de Gouteyron* ; au milieu du XVIIIe siècle, *rue de Chantal* ; en 1794, *rue du Bonnet-Rouge* ; après la Révolution, *rue de Gouteyron*. Par délibération du Conseil municipal, du 17 juillet 1889, elle a été appelée *rue Grasmanent*.

Étymologies : (V. rue Gouteyron). Chantal, du nom de Jeanne-Françoise de Chantal, grand'mère de madame de Sévigné, fondatrice de la Visitation (1572-1641). Grasmanent est le nom patronymique d'une vieille famille du Puy, dont l'un des membres, hôtelier à l'enseigne de la tête de bœuf, vivant probablement à la fin du XIIe siècle, passe pour l'un des plus généreux bienfaiteurs de l'Hôtel-Dieu.

A signaler dans cette rue une belle porte romane, avec chapiteaux sculptés, surmontés d'une tête de bœuf, l'enseigne de Grasmanent son propriétaire.

GRAZES (Rue des). Ancienne rue, au sommet de la rue des

Tables, aujourd'hui disparue et occupée par le grand escalier de la Cathédrale.

Cette rue est ainsi désignée : en 1204, *en la Graza*; en 1213, *in Grazia*; en 1245, *en las Grazas*; en 1247, *in Gradibus*; en 1314, *carreria de Gradibus*; en 1408, *las Grazas*; en 1654 *rue appelée des Grazes* « respondant sur les degrés montant en l'esglize cathédralle, par la grande porte du milhieu d'icelle, appellée dorée ».

Étymologie : du bas-latin gradus et du provençal graza, qui signifient marche, degré.

C'est dans cette rue que l'Hôtel-Dieu avait installé les tables servant à l'exposition et à la vente des enseignes de pèlerinages en plomb, dont il avait obtenu le monopole, en novembre 1210.

GREFFE (Place du). Située au carrefour des rues de l'Ancienne-Préfecture, Vaneau, Adhémar-de-Monteil, de Séguret et des Pèlerins.

S'appelait en 1609, *place des Greffes*, et, à partir de 1645, *place du Greffe*.

Étymologie : non donné à raison de la proximité des greffes de la cour du baillage du Velay, de la cour commune et de la sénéchaussée du Puy.

Sur cette place, on remarque une maison (n° 12) du xve siècle, restaurée en 1658, avec sa porte d'entrée et les fenêtres de sa façade, délicatement sculptées, et sa belle cage d'escalier Sous le Directoire (1795-1799) cette maison fut le siège d'un club mondain, très fréquenté par une société de parvenus et de nobles avides de plaisir.

GRENOUILLIT (Rue). De la place du Plo à la rue de l'Ancienne-Comédie.

Cette rue était connue dès l'année 1236. Elle est dénommée : en 1294, *Granholiet*; en 1511, *carreria de Granolheto*; en 1544, *ruette de Granoillet*; en 1691, *rue de Granoulhit*.

Selon toute vraisemblance, la dénomination de cette rue a été empruntée au hameau de Granouillet (aujourd'hui commune d'Yssingeaux), qui se trouve cité en ces termes dans l'acte de donation que Charles, abbé de la cathédrale du Puy, en fit à la Collégiale de Saint-Georges de cette ville, le 29 mars 1089 : mansus qui dicitur Granoletus, juxta castellum Celsiaci (Saussac).

GUILLAUME-TARDIF (Rue). De la place de la Platrière à la rue de la Présentation.

Cette rue s'appelait, au xviiie siècle, *rue de la Visitation*; en 1794, *rue de la Délivrance*. Par décision du conseil municipal, du 17 juillet 1889, le nom de *rue Guillaume-Tardif* lui a été assigné, en remplacement de celui de *rue de la Visitation*, qu'elle avait repris après la Révolution.

Le nom de Visitation rappelle le souvenir du couvent des religieuses de Sainte-Elisabeth de la Visitation, fondé le 24 décembre 1630, et qu'un décret de la Convention nationale, du 26 mai 1794, affecta au service des prisons.

Guillaume Tardif est le nom d'un professeur de belles-lettres, au collège de Navarre, en 1467, et auteur d'une grammaire, d'un traité sur l'éloquence, d'un art de la fauconnerie, etc., fort estimé de son temps, né au Puy, vers 1420, dans une maison sise à l'angle de la rue actuelle des Pèlerins et de la place du Greffe, et mort vers 1495

N. B. Voir pour la plaque indicatrice de cette rue l'observation de la rue de l'Abbé-de-l'Épée.

GUY-FRANÇOIS (Rue). De la rue Saunerie-Vieille à la rue du Général-Waldek-Boudignon.

Nom donné par délibération du conseil municipal, du 17 juillet 1889, à une rue non dénommée jusque-là, en l'honneur de Guy François, sans contredit le plus habile de nos peintres locaux, né au Puy, vers 1578, et décédé dans cette ville, entre le 5 octobre et le 12 décembre 1650. Ses œuvres, dont quelques unes ont disparu, ornaient ou ornent encore les églises du Collège, des Carmes, de Saint-Laurent, des Pénitents et de la cathédrale, et sa grande réputation lui avait valu des commandes à Gannat, Saint-Bonnet près Riom, Tournon, Toulouse, Montpellier et Montpezat. Il est profondément regrettable que le musée Crozatier ne possède aucune toile de cet artiste émérite.

H.

HALLE (Place de la). Dans la rue Saint-Pierre.

La dénomination actuelle de cette place, empruntée à la halle aux blés qui s'y trouve, a remplacé le nom de *place du Prieuré*, qu'elle portait en 1833.

Avant son installation définitive sur cette place, le marché aux grains se tenait, depuis un temps immémorial, dans les rues Grangevieille et Panessac et, temporairement, en 1311, sur la place du Martouret. Ces rues, à l'exclusion de la place du Martouret, purent librement jouir de leur monopole, surtout depuis sa confirmation par lettres royaux, du 26 avril 1575, jusqu'au 19 août 1795, époque à laquelle la halle au blé fut transférée dans l'hôtel des comtes de Saint-Haon, sis au faubourg du Breuil, près la porte de Saint-Haon. Le 13 juillet 1800, cet hôtel, alors connu sous le nom de maison de la Granette, étant devenu insuffisant, le marché en question fut rétabli dans la rue Panessac qu'il abandonna, une fois encore et définitivement, en 1847, lors de l'ouverture à l'usage public d'une halle, construite sur l'emplacement de l'ancien jardin de l'abbaye de Saint-Pierre-le-Monastier. Cette halle menaçant ruine, on résolut de la remplacer par la halle actuelle, inaugurée, le 3 octobre 1897, et dans laquelle on réserva l'étage supérieur à la bibliothèque de la ville, antérieurement installée dans un local attenant à l'église du Collège.

HENRY-VINAY (Jardin). Au sud de la place du Breuil.

Ce jardin est la partie de la prairie du Breuil, jadis léguée aux évêques du

Puy par l'hôtelier Grasmanent (V. rue Grasmanent). Connu d'abord, sous le nom de *promenade du Breuil*, en 1826, on lui donna celui de *Fer-à-cheval*, en 1837, en raison de la forme en hémicycle de l'allée de sycomores qui y fut alors plantée. La dénomination de *jardin Henry-Vinay*, déjà acceptée en principe par le conseil municipal, le 22 novembre 1912, fut définitivement consacrée, par délibération du 23 mai 1922. Elle rappelait le souvenir de Pierre-Marie-Henry Vinay, avocat, ancien maire du Puy, ancien conseiller général, ancien député de la Haute-Loire, auteur d'études appréciées sur le cimetière gallo-romain de Corssac, la léproserie de Brives, les coquillages fossiles de l'Herm près le Monastier, né au Puy, le 12 mai 1821, décédé à Corssac près Brives, le 5 novembre 1882, et inhumé au Puy. C'est à son initiative que l'on doit la transformation, en 1866, de ce jardin jusque-là fort négligé, ainsi que de nombreuses améliorations dans la voirie urbaine, tout en s'attachant, comme il le disait lui-même, « à conserver le cachet historique et pittoresque de notre vieille ville du moyen âge, pour en faire sortir une élégante cité moderne ».

On remarque dans ce jardin : 1° Une belle porte romane du XIIe siècle, provenant de l'ancienne abbaye des bénédictines de Vorey, dont une légende attribue la fondation à Charlemagne mais qui, en réalité, ne semble pas antérieure à l'épiscopat de Pierre-Maurice de Montboissier, évêque du Puy, de 1112 à 1128; — 2° le musée Crozatier, construit sur les plans de l'architecte A. Martin et inauguré le 23 mai 1868 (V. rue Crozatier) ; — 3° le monument des enfants de la Haute-Loire morts pour la Patrie, exécuté d'après le dessin de M. Proy, architecte, orné d'un bronze du peintre-sculpteur Paul Dubois et inauguré, le 13 octobre 1895, sous la présidence de M. Raymond Poincaré; — 4° la stèle, en granit bleu des Vosges, œuvre du sculpteur A. Besqueut, qui fut inaugurée, le 30 juin 1912, sous la présidence de M. Pierre de Nolhac, conservateur du Musée de Versailles, et dont les deux médaillons de bronze représentent le profil de Charles Calemard de Lafayette, littérateur, agronome, conseiller général et député de la Haute-Loire, chevalier de la Légion d'honneur, auteur du Petit-Pierre, de la Prime d'honneur, de l'Adieu et du Poème des champs, ce dernier couronné par l'Académie française, né au Puy, le 7 avril 1815, et décédé, le 5 avril 1901, et celui de son petit-fils, Olivier Calemard de Lafayette, auteur des vibrants et harmonieux poèmes du Rêve des jours et de la Montée, décédé le 13 octobre 1906, à l'âge de 29 ans ; — 5° le monument élevé à Charles Crozatier, sorti du ciseau du sculpteur Marius Barthélemy, inauguré, le 24 août 1913 ; — 6° le buste en bronze de Jules Vallès, dû au sculpteur Marcellin Sabatier, inauguré le 7 septembre 1913, sous la présidence de M. Frantz Jourdain, membre de la société des gens de lettres (V. rue Jules-Vallès).

HÔPITAL-GÉNÉRAL (Rue de l'). De la rue Grasmanent au Jardin-de-l'Évêque.

Ainsi nommé à cause de la proximité de l'hôpital général, inauguré en grande pompe, le 26 mai 1687, et confirmé par lettres patentes de juin 1694.

Les débuts de cet établissement charitable, réservé aux vieillards pauvres, domiciliés au Puy depuis cinq années, et aux enfants moralement abandonnés, furent assez critiques et, pour subvenir aux besoins matériels des hospitalisés, on dut avoir recours à des quêtes devant les églises et au travail manuel des petits garçons qui, dès 1694, furent employés à la fabrication de la dentelle commune au carreau (V. chemin de Vienne).

J.

JARDIN-DE-L'ÉVÊQUE (Place). A l'entrée de la rue de ce nom et de celle de Gouteyron.

Appelée aussi *place de Gouteyron* ou *promenade de Gouteyron*, cette place fut créée par souscription publique, sur les plans de Claude Portal cadet, architecte, de 1782 à 1784; on y planta 36 tilleuls et la dépense s'éleva à 1.852 livres.

JARDIN-DE-L'ÉVÊQUE (Rue du). De la place de ce nom au chemin d'Aiguilhe.

Cette rue emprunte son nom à la place ci-dessus.

JEAN-BUREL (Rue). De la place Jules-Michelet à la rue des Tanneries.

Dénommée *rue du faubourg Saint-Barthélemy*, avant la décision du conseil municipal, du 17 juillet 1889, lui assignant ce nouveau nom.

Rappelle Jean Burel, auteur de Mémoires sur la période de la Ligue en Velay, né au Puy, vers 1540, mort, le 1er décembre 1603.

JOSEPH-PIERRET (Rue). De la place Jules-Michelet à la rue du Pont-Saint-Barthélemy.

Cette rue, jadis englobée dans la place Jules-Michelet, a été ainsi nommée par délibération du 20 mars 1908.

Joseph-Nicolas Pierret, député de l'Aube à la Convention nationale, chargé en l'an III (1794-1795) par cette assemblée d'une mission pacifique dans le département de la Haute-Loire, dont il s'acquitta avec succès.

JUIVERIE (Rue de la). Impasse au bas de la rue des Farges.

Désignée sous le nom de : en 1212, *domus terræ Juzior*; en 1544, *chanton de la Juèrie*; en 1635, *rue de la Juifferie*; en 1721, *ruette de la Juifverie, joignant la rue des Farges*; en 1723, *ancienne rue de la Juifverie, qui est à présent fermée et réduite en servitut*; en 1760, *cul-de-sac de Saint-Joseph*; en 1794, *cul-de-sac de la Montagne*; en 1807, *rue Saint-Joseph*.

Étymologies : Les noms de Juzior et Juifverie rappellent que ce quartier était jadis habité par les Juifs. Celui de Saint-Joseph vient du couvent des religieuses de ce nom, fondé le 15 octobre 1650, dans l'hôpital des Orphelins de Montferrand, sis dans cette rue, par Lucrèce de Pouzols, veuve et héritière de Jean de La Planche. Supprimé au moment de la Révolution et transformé en caserne, en 1813, ce couvent redevint la propriété définitive des religieuses, en 1816.

Il conviendrait de placer dans cette rue, non dénommée de nos jours, une plaque indicatrice, en maintenant l'appellation de Juiverie, à raison de son ancienneté et des souvenirs historiques qu'elle évoque.

JULES-MICHELET (Place). Confine à l'est de la place du Breuil.

Cette place était jadis comprise dans la prairie du Breuil, dont elle a porté le nom jusqu'en 1819, où elle prit celui de *Foiral*, qui fut lui-même remplacé, par délibération du conseil municipal, du 17 juillet 1889, par la dénomination de *place du Champ-de-Foire* et, par une autre délibération, du 15 juin 1898, par celle de *place Jules-Michelet*, en l'honneur de l'historien et littérateur de ce nom, né à Paris, le 21 août 1798, mort à Hyères, le 9 février 1874.

A signaler sur cette place : 1° le lycée de jeunes filles, construit sur les plans de l'architecte A. Martin et inauguré, le 8 juillet 1893, sous la présidence de M. Raymond Poincaré ; — 2° la fontaine décorative, don de Mme veuve Augustin Chassaing, à l'effet de perpétuer le souvenir de son mari, archiviste-paléographe, juge au tribunal civil du Puy, chevalier de la Légion d'honneur, né à Pontaumur (Puy-de-Dôme), le 25 décembre 1830, décédé au Puy, le 3 mai 1892, à qui l'histoire d'Auvergne et surtout celle du Velay sont redevables de très nombreuses et importantes publications. C'est lui qui fit successivement paraître des éditions critiques des Chroniques de Médicis (1874), des Mémoires de Jean Burel (1875) et des Mémoires d'Antoine Jacmon (1885). Citons aussi, parmi ses œuvres les plus marquantes le Spicilegium brivatense (1886), le Cartulaire des Hospitaliers du Puy (1888), etc.

N.-B. Pour éviter une fâcheuse confusion d'homonymie avec un philosophe allemand, il convient de faire précéder le nom patronymique de Michelet de son prénom de Jules.

JULES VALLÈS (Rue). De la place de la Plâtrière à la place Saint-Pierre-Latour.

Cette rue, créée, en 1902, sur les terrains de l'ancienne prison, dont la partie subsistante, derniers vestiges de l'antique abbaye de Saint-Pierre-Latour (V. ce nom), a été affectée, depuis l'année 1904, au service des archives départementales, a reçu officieusement le nom qu'elle porte, mais sans qu'aucun acte administratif l'ait ratifié. Cette dénomination rappelle les origines vellaves de Jules Vallès, né à Vourzac (Haute-Loire), le 11 octobre 1807, décédé à Paris, le 15 février 1885, écrivain vigoureux et de talent, mais que la fougue excessive de son tempérament de « réfractaire » entraîna malheureusement dans la criminelle insurrection de la Commune.

L.

LATOUR-MAUBOURG (Rue). V. Maréchal-Latour-Maubourg (rue).

LILLE (Rue de) De la rue Saint-Antoine à la rue du Plâtre.

En 1693, cette rue portait le nom de *rue de Saint-Charles*; en 1794, *rue de Lille.*

On ignore les origines étymologiques du nom de Saint-Charles; quant à l'appellation révolutionnaire, elle rappelle les inutiles efforts des Autrichiens. pour s'emparer, en 1792, de la ville de Lille.

M.

MARCHÉ-COUVERT (Place du). A la réunion des rues Etienne-Médicis, de l'Ancienne-Comédie et Pierre-Julien.

Cette place était connue sous le nom de : *place du Planet*, en 1676; *la Placette ou le Planet*, en 1687. Elle conserva ce nom de Planet, pendant une partie du XIXe siècle et, par délibération du conseil municipal, du 17 juillet 1889, elle reçut celui qu'elle porte actuellement, à la suite de la construction d'un marché couvert sur l'emplacement de l'ancien théâtre, démoli en 1880 (V. rue de l'Ancienne-Comédie).

Les noms de Planet et de Placette sont empruntés l'un et l'autre à l'ancien français, le premier, sous une forme altérée, rappelle le mot planèse qui signifie place, surface unie, et le second, placette, qui désignait autrefois une petite place.

MARÉCHAL-DE-VAUX (Rue du). Du boulevard Gambetta à la rue Charles VII.

Ainsi nommée par délibération du conseil municipal, du 17 juillet 1889, en commémoration de Noël Jourda, comte de Vaux, qui prit une part glorieuse aux guerres de 1723 à 1762, conquit la Corse, en 1769 et reçut le bâton de maréchal, le 14 juin 1783, grand-croix de Saint-Louis, né le 7 mars 1705, au château de Vaux, commune de Saint-Julien-du-Pinet (Haute-Loire), décédé, le 14 septembre 1788, à Grenoble, où il remplissait les fonctions de gouverneur du Dauphiné.

MARÉCHAL-FAYOLLE (Boulevard du). De la place du Breuil à la place Cadelade.

Ce boulevard faisait primitivement partie de la prairie du Breuil, dont il porta le nom, avec ses variantes onomastiques, jusqu'en 1777, où il reçut celui de *faubourg du Breuil*, puis celui de *faubourg de la République*, en 1794. Dénommé *rue Saint-Haon*, vers 1840, il devint le *boulevard du Maréchal-Fayolle*, par suite d'une délibération du conseil municipal, du 15 novembre 1918.

Pour l'étymologie de Breuil, V. place du Breuil. Le nom de Saint-Haon vient de l'hôtel que les seigneurs de La Rodde, comtes de Saint-Haon et barons des états du Velay, possédaient dans ce quartier, avant la Révolution et qui servit de halle au blé, de 1795 à 1800. La dénomination actuelle lui a été assignée en l'honneur de Marie-Émile Fayolle, maréchal de France, grand-croix de la Légion d'honneur, décoré de la médaille militaire, né au Puy, rue Chènebouterie, n° 9, le 14 mai 1852. Les bons Français ne sauraient oublier la part prépondérante qu'il prit à la victoire finale, par son intervention décisive dans la Somme, l'Oise, la Marne et l'Itaie, où il affirma sa froide et opiniâtre volonté, son esprit prévoyant et alerte, sa science consommée de l'art militaire, en un mot ses hautes qualités de « merveilleux soldat ».

MARÉCHAL-LATOUR-MAUBOURG (Rue du). De la rue des Capucins à la rue de la Ronzade.

Antérieurement à la délibération du conseil municipal, du 17 juillet 1889, lui donnant ce nom, cette rue s'appelait *chemin derrière les Capucins* (V. ce mot).

L'appellation actuelle consacre la mémoire de Jean-Hector, marquis de Latour-Maubourg, qui, pendant cinquante années consécutives, de 1704 à 1754, servit brillamment dans toutes les campagnes étrangères et fut créé maréchal de France, le 24 février 1757, né au château de Maubourg, commune de Saint-Maurice-de-Lignon, en mars 1678, selon certains de ses biographes et, suivant d'autres, en 1684, décédé à Paris, le 15 mai 1764.

N.-B. Pour plus de précision, on doit dire rue du Maréchal-Latour-Maubourg.

MARTOURET (Place du). Entre les rues Porte-Aiguière, Chaussade, du Collège, Courrerie et Saint-Pierre.

Appelée : en 1281, *vicus de Martoreto* ; en 1312, *pta du Martoret*; en 1457, *el Martoret*; en 1511, *in Martoreto* ; en 1646, *place du Martouret*; en 1794, *place de la Liberté*.

Étymologie : Martoretum, en bas-latin, signifie place des exécutions.

On remarque sur cette place l'Hôtel-de-Ville, construit en 1643, qui fut consumé par un incendie, le 9 octobre 1653, et réédifié, en 1764-1766, sur les plans de l'architecte Portal.

MEYMAC (Rue). De la place du Clauzel à la rue Antoine-Clet.

On trouve cette rue sous les dénominations suivantes : en 1280, *En Meymac*; de 1392 à 1515, *carreria Parghamineriæ*; en 1611, *rue Meymac*; en 1634, *rue de la Pargeminarye ou autrement de Meymar*; en 1697, *rue de Meymare*.

Le nom de Meymac, dans lequel on trouve un gentilice romain (nom de famille) terminé par le suffixe celtique ac ou acus, dénote une origine gallo-romaine et désigne, selon toute vraisemblance, un ancien terroir. Celui de Parghaminería ou Pargeminarye indique que cette rue était jadis habitée par les parcheminiers, signalés au Puy, dès l'année 1358 et dont les statuts, communs aussi aux blanchiers, datent du mois d'août 1588 et furent révisés et complétés, le 28 octobre 1598.

Dans la maison de cette rue, portant le nº 26, on remarque une haute tour Renaissance de quatre étages.

N. B. — Le nom de Meymar, d'origine relativement moderne, ne reposant sur aucune donnée sérieuse, doit être remplacé par celui de Meymac, qui lui du moins se justifie par ses antécédents philologiques.

MICHELET (Place). V. Jules-Michelet (Place).

MONTFERRAND (Rue). Commence et aboutit rue des Farges.

Cette rue est dénommée : en 1284, *carreria de Monferran* vel *de Monte Ferrando*; en 1590, *rue de Chamars sive de Monteferrando*; en 1780, *rue Montferrand*; en 1794, *rue de la Montagne*.

Le chroniqueur Médicis dit que c'était par la porte de cette rue, vulgairement connue sous le nom pittoresque de Mochafeda (mouche-brebis), à raison de son peu de hauteur, que « le temps passé on yssoit (sortait) du Puy, pour aller aux parties de Montferrant en Auvergne », d'où sa dénomination de Montferrand. Pour celle de Chamars, il est nécessaire de rappeler que, du XIVe siècle jusqu'à la confection du cadastre, en 1815, la ville du Puy était divisée en vingt-deux îles, dont celle de Chamars, à laquelle appartenait le côté nord de cette rue et qui lui donna momentanément son nom (V. Rue de la Juiverie).

MOULIN PATAUD (Rue du). De la place Cadelade à la rue de la Gazelle.

Cette rue, de création récente, a été ainsi dénommée par délibération du Conseil municipal, du 17 juillet 1889. Elle tire son nom d'un moulin sur le Dolaizon, aujourd'hui détruit et qui est ainsi successivement mentionné : en 1295, *molendinum ultra pontem Caprariæ*; en 1508 et 1544, *moulin de Fuoc*; en 1590, *moulin de Patault*; en 1688, *mollin de Pataud*.

D'après des documents authentiques, ce moulin a eu entre autres, comme propriétaires : en 1295, Guillaume de Limoges, clerc; en 1508, Jean Fuoc (ou Cuoq); en 1544, Vidal Fuoc; en 1610, Pierre Pataud; en 1674, Gabriel Arnaud, marchand tanneur; en 1688, Jacques Vachon, bourgeois.

A part la négligeable tentative d'incendie dont il fut l'objet de la part des Huguenots, le 9 février 1590, l'histoire de ce moulin n'offre aucune particularité qui légitime le maintien de son nom disgracieux dans la voirie urbaine.

MOULINS (Rue des). De la place Jules-Michelet à la rue des Tanneries.

Rue de création récente et ainsi dénommée, depuis 1898, bien qu'il n'existe aucun moulin dans ce quartier et que son unique usine soit actionnée par la vapeur.

MOURGUES (Rue des). De la rue Saint-Gilles à la rue Porte-Aiguière.

Cette rue est désignée de la façon suivante : en 1220, *in orto Monachorum Sancti Petri;* en 1339, *carreria de hortis Monachorum ;* en 1456, *aux Orts dour Mourgues;* en 1512, *carreria doz Orts doux Morgues;* en 1600, *rue dous Mourgues ;* en 1605, *rue des Mourgues.*

Ainsi que l'indique son nom primitif (ortus Monachorum), cette rue se trouvait sur l'emplacement du jardin des religieux de l'abbaye de Saint-Pierre-le-Monastier. Mourgues est une traduction altérée du mot latin monachi, signifiant moines (V. Rue Saint-Pierre).

O.

ODO-DE-GISSEY (Rue). De la rue du Portail-d'Avignon à la rue Dolaizon.

Ce nom, donné par délibération du Conseil municipal, du 17 juillet 1889, rappelle le souvenir d'Odo de Gissey, jésuite, né à Autun, en 1569, mort à Toulouse, le 9 mars 1653, auteur des « Discours historiques de la très ancienne dévotion de Notre-Dame du Puy », excellent ouvrage, devenu rare, malgré ses trois éditions successives parues en 1620, 1626 et 1644.

ORPHELINAT (Rue de l'). Part de l'Avenue de Taulhac.

Cette rue a pris le nom de l'Orphelinat agricole, fondé à proximité, en 1850, par le R. P· Maxime de Bussy, jésuite et prédicateur de talent, né en 1792, mort à Vals-près-le-Puy, le 7 avril 1852, qui fit aussi construire la chapelle dite de Saint-Valère, rue du Plat-du-Loup, à l'usage de la congrégation des hommes et de celle des mères de famille, et créa la bibliothèque des bons livres, destinée à la classe ouvrière.

OUCHE (Rue de l'). De la rue Grangevieille à la rue des Farges.

On trouve cette rue ainsi dénommée : en 1313, *in Ouchia Templi*; en 1332, *carreria vocata l'Oucha Guillelmi Juliani*; en 1347, *carreria vocata l'Oucha* ; en 1404, *carreria en l'Ocha subtus Grangiam*; en 1457, *l'Oucha de las Farghas* ; en 1508, *carreria Ouchiæ doux Coutelhers* ; en 1518, *rue de l'Ouche ou de la Coutellerie.*

Etymologies : Ouche, vieux mot français, dérivé du bas-latin olca, qui se traduit par jardin, verger, enclos. Coutelhers et Coutellerie indiquent que cette rue était habitée par les couteliers du Puy qui, dès l'année 1463, formaient une confrérie avec les maréchaux-ferrants et les forgerons.

Dans cette rue se trouve le couvent des Tertiaires de Saint-Dominique ou sœurs de la Mère-Agnès, installé au commencement du XVIIe siècle dans la maison où naquit, le 17 novembre 1602, Agnès Galland, fondatrice de cet ordre, décédée à Langeac, le 19 octobre 1634. On y remarque aussi, dans la maison portant le n° 5, dont la façade a été partiellement restaurée, en 1742, une belle tourelle Renaissance en encorbellement.

OURS-MONS (Chemin d'). De l'Avenue de la Gare au village d'Ours-Mons.

P.

PALAIS (Place du). A l'intersection des rues du Pouzarot et du Palais.

Un acte de l'année 1375 indique la cause en même temps que l'orthographe réelle de cette dénomination. On y lit, en effet : *hospitium vocatum lo Palays, situm in curreria de la Chabraria*. En 1707, *place à battre le bled, appelée le Palais*; en 1721, *place appelée le Palaix, au dessous de la Boucherie-Basse*.

Cette maison du Palais appartenait au XVe siècle, à Michel Brunel, chanoine du Puy et de Narbonne, qui la légua à l'université Saint-Mayol, dans son testament du 15 décembre 1423.

PALAIS (Rue du). De la rue Chèvrerie à la rue Derrière-la-Boucherie.

Cette rue qui a les mêmes origines onomastiques que la place de ce nom, s'appelait : en 1544, *el Palaix*; en 1636, *rue appelée du Petit-Palais*.

Logiquement on ne saurait maintenir le nom actuel de Pallet, donné à cette rue.

PALLET (Rue du). V. Rue du Palais.

PANESSAC (Rue). De la place du Plo au boulevard Carnot.

Cette rue existait déjà, en 1190, sous le nom de *Panassac*; en 1227, *carreria de Panassac*; en 1339, *carreria de Panassaco*; en 1573, *rue de Pannassac*; en 1794, *rue de l'Égalité*.

Le chroniqueur Médicis dit que ce nom est celui d'une ancienne rue de Saint-Paulien : cette explication est fort plausible, car on trouve dans Panessac un gentilice romain et le suffixe celtique acus, qui dénotent une origine gallo-romaine.

Dans cette rue, plus spécialement affectée autrefois au commerce des grains (V. Place de la Halle), outre la porte du mur d'enceinte, signalée, dès l'année 1245, et dont il ne reste de nos jours qu'une seule des tours, celle du côté Nord, ayant été fâcheusement démolie, en 1850, on remarque les maisons suivantes : n° 14, cours donnant accès à un escalier Renaissance, au sommet duquel s'élève un belveder; — n° 16, tourelle en encorbellement de l'époque Renaissance; — n°s 18 et 22, élégantes façades, datées de l'année 1771 ; — n° 29, de la fin du xve siècle, avec une belle moulure sculptée, décorée à ses extrémités de têtes expressives; — n° 33, construite en 1650, ainsi que l'indique la date de la façade, dont l'ornementation, d'ordre dorique et corinthien, fut entièrement exécutée, en 1651, par Mathieu Accarion, m^e maçon et architecte du Puy, originaire de La Voûte-sur-Loire, pour le compte de Guillaume Obrier, procureur, moyennant la somme de 200 livres ; — n° 42, gracieuse façade de la Renaissance ; — n° 46, façade Louis XIII, qui répond bien au style lourd et trop chargé de cette époque ; — n° 51, très artistique maison Renaissance, de l'année 1576, ainsi que l'indique un cartouche, particulièrement remarquable par sa frise sculptée (1); — n°s 56 et 63, maisons de l'époque Renaissance, assez intéressantes; — n° 61, maison curieuse surtout à raison de son rez-de-chaussée, avec voûtes à nervures du xve siècle.

PASSERELLE DE TAULHAC (Rue de la). De la rue des Tanneries à l'Avenue de Taulhac.

PÉLERINS (Rue des). De la place du Greffe au grand escalier de la Cathédrale.

Cette rue est ainsi désignée : en 1440, *carreria publica dicta do Rocheta* ; en 1444, *carreria de la Rocheta* ; de 1606 à 1658, *rue de la Rochette* ; en 1711, *rue allant de l'hôtel des Pèlerins à Notre-Dame* ; vers 1760, *rue du Saint-Esprit*; en 1794, *rue de la Charité.*

Le nom de la Rochette est empruntée à un logis, connu, en 1331, sous l'appellation de domus de la Rocheta. Celui actuel des Pèlerins rappelle que le bureau d'administration de l'Hôtel-Dieu fit aménager, en 1658, la maison, sise dans cette rue et qui venait d'être léguée à cet établissement par Vidal Bernard, chanoine du Puy et écrivain, en une hôtellerie destinée à recevoir les pèlerins étrangers « qui viennent à foulle dans la présant ville, pour rendre leurs veux en la sainte chapelle angélique de Nostre-Dame », à l'exclusion des femmes « et des gueux «. C'est à cause de la proximité de la chapelle de l'hôtel-Dieu, placée, depuis au moins l'année 1448, sous le vocable du Saint-Esprit, qu'on a donné ce dernier nom à cette rue.

PÉNITENTS (Rue des). De la rue Saint-Mayol à la rue du Rocher.

Cette dénomination qui fut remplacée, en 1794, par celle de *rue Courte*, et reprise après la Révolution, mérite d'être conservée. Elle rappelle en effet la confrérie des Pénitents blancs du Puy, fondée en 1584, sous l'épiscopat d'Antoine de Saint-Nectaire, qui en fut le premier recteur, et qui, supprimée à la Révolution, fut rétablie, en 1810. L'église de cette association religieuse

(1) Sous la date du 6 décembre 1575, M. Ul. Rouchon a publié, dans *Les fortifications et les maisons anciennes de la ville du Puy* (p. 32), le prix-fait de la construction de cette maison, due à un maçon de la ville, du nom de Pierre Cussinel.

fut installée, dès son origine, dans l'ancien hôtel, de style roman, appartenant à la maison d'Allègre, à la suite du don que lui en fit Jacqueline d'Aumont, marquise douairière d'Allègre. Quatre élégantes colonnes torses en pierre, accouplées par deux, ornent l'entrée de cette chapelle, dont la porte de bois sculpté, représentant sur son imposte « une Annonciade et ung Sainct Sprit », est l'œuvre de Claude Crouzet le jeune, sculpteur du Puy, qui l'exécuta, en 1679, pour le prix de 92 livres. L'intérieur de ce monument est un véritable musée de peinture locale, contenant des tableaux dus aux peintres aniciens : Josué Parier (vivant en 1570, décédé le 1er janvier 1612), Guy François (vers 1578-1650), Jean François (vers 1616 à 1676), Jacques Servant (entre 1632 et 1700), Pierre Servant l'aîné (né le 19 juin 1665, mort vers 1705) et Pierre Servant le jeune (né en 1683, inhumé le 1er janvier 1738).

PHILIBERT (Rue). De la rue Panessac à la rue Raphaël.

En 1544, cette rue est dénommée *Chanton des Phaliberts* et, en 1617, *rue des Philiberts*; en 1718, *rue de Philibert*.

Le nom de cette rue a été vraisemblablement emprunté à une famille du Puy.

PHILIPPE-JOURDE (Boulevard). Du chemin du Pont-Saint-Barthélemy au chemin de Roche-Arnaud.

Nom donné à ce boulevard, de création récente, par délibération du conseil municipal, du 7 janvier 1903, comme témoignage de reconnaissance à M. Philippe-Auguste Jourde, ancien directeur du journal le *Siècle*, président du Conseil général des Bouches-du-Rhône, chevalier de la légion d'honneur, né au Puy, le 11 août 1816, décédé au château de Carry, près Marseille, le 2 décembre 1905, et qui a légué à sa ville natale sa riche bibliothèque, comprenant environ 14.000 volumes.

PIERRE-CARDINAL (Rue). Du boulevard Carnot à la rue de l'Ouche.

Cette rue, créée en décembre 1806, fut dénommée à l'origine *rue Neuve-de-l'Ouche*, jusqu'au 17 juillet 1889, date à laquelle elle reçut son nom actuel.

« Pierre Cardinal, né au Puy vers 1175, mort centenaire, est le plus grand poète de la langue d'oc au moyen âge. Destiné par sa famille, qui était noble, à la carrière religieuse, il quitta les ordres quand il fut parvenu à l'âge d'homme et composa surtout des satires contre l'Église. Il dénonça, sans réticence, les horreurs de la guerre contre les Albigeois (1209-1219) et défendit la cause des vaincus, pour lesquels il écrivit, sous la forme de sermons poétiques, des œuvres d'édification. Dans la deuxième partie de sa vie, et notamment vers 1250, il soutint énergiquement contre l'Église la cause de l'empereur Frédéric II (1211-1250). Accueilli, dans ses vieux jours, par le roi d'Aragon, Jaime Ier le Conquérant (1213-1276), qui l'honora de son amitié, il mourut près de lui, probablement à Montpellier. Par sa langue énergique et claire et par ses aspirations élevées, il passe, auprès des connaisseurs, pour un poète que Dante seul a égalé au moyen âge ; il reste de lui plus de soixante-dix poèmes » (Note de M. C. Fabre).

PIERRE-FARIGOULE (Rue). Du pont Saint-Barthélemy au boulevard Philippe-Jourde.

Rue de création récente, ainsi dénommée par délibération du conseil municipal, du 29 septembre 1922 (V. Avenue de la Dentelle).

PIERRE-JULIEN (Rue). De la rue Saint-Jacques à la place du Marché-Couvert.

Nom donné à une partie de la rue de l'Ancienne-Comédie (V. ce mot), par délibération du conseil municipal, du 17 juillet 1889, en souvenir de Pierre Julien, célèbre sculpteur, membre de l'Académie royale de peinture et de sculpture, auteur d'œuvres remarquables, notamment à la laiterie royale de Rambouillet, né à Saint-Paulien, le 20 juin 1731, mort à Paris, le 17 décembre 1804.

PIERRE-VANEAU (Rue). De la place du Plat-du-Loup à la rue de l'Ancienne-Préfecture.

Ce nom, adopté par le Conseil municipal, le 17 juillet 1889, pour une partie de la rue du Plat-du-Loup (V. ce mot), consacre le souvenir de Pierre Vaneau, sculpteur d'un grand talent, attiré au Puy par l'évêque Armand de Béthune, dont il a exécuté le portrait-buste en bas-relief, exposé dans le musée religieux de la cathédrale, né à Montpellier, le 31 décembre 1653, mort au Puy, le 27 juin 1694.

PLANET (Place du). Place formée par la rencontre des rues Sainte-Agathe, Cadelade, Traversière-de-Cadelade, Pouzarot, Verdun, Sainte-Marie, Sous-Sainte-Claire et du Planet.

Cette place a porté le nom de *place du Planet,* depuis 1693 ; en 1795, *place de la Fraternité* ; en 1807, *place du Planet-de-la-Rabe.*

Étymologies : Planet, forme dénaturée du vieux mot français planèce, signifiant place ; rabe, dérivé du mot patois raba, rave, pour rappeler sans doute que ce quartier était habité par des jardiniers.

PLANET (Rue du). De la place de ce nom à la rue Sous-Sainte-Claire.

Est connue sous ce nom, dès l'année 1606.

PLAT-DU-LOUP (Rue du). De la rue Rochetaillade à la rue Pierre-Vaneau.

Cette rue est connue sous le nom de : en 1280, *vicus del Plan deus Lops* ; en 1313, *locus vocatus in Plano deus Lops* ; en 1344, *Planum Lupporum* ; en 1408, *al Plat-dous-Lops* ; en 1456, *aux Plas-des-Lops* ; en 1603, *Plan-des-Loups* ; en 1632, *Prés-des-Loups* ; en 1705, *rue Prats-doux-Loups dite Naberte.*

Plan, dérivé du bas-latin planum, est un mot provençal qui signifie place de ville.

La maison Renaissance de cette rue, portant le n° 12, mérite d'être signalée, surtout à cause de l'amortissement de l'escalier de sa tourelle, plus haut que le toit et qui permet de passer sur la maison voisine.

N. B. — On doit écrire Plat et non Prat, à raison de l'étymologie de cette rue.

PLATRE (Rue du). De la rue de Lille à la petite place Saint-Pierre-Latour.

Ce nom banal et moderne n'offre aucun intérêt au point de vue historique.

PLATRIÈRE (Place de la). Entre les rues Sarrecrochet, du Bouillon, de l'Abbé-de-l'Épée, Jules-Vallès et Guillaume-Tardif.

Dénommée : en 1456, *en la Plastreyra* ; en 1516, *place de la Plastreira* ; en 1544, *la Plastreyre* ; en 1611, *place de la Plastreire*.

Etymologies : Platrière, du mot bas-latin plastreria, signifiant carrière de plâtre. Il existait, sur les flancs du rocher de Corneille, plusieurs « plastrières », comme on désignait jadis ces sortes de carrières, qui étaient encore exploitées à la fin du XVIIe siècle.

On trouve sur cette place l'institution des Sourdes-muettes (V. Rue de la Présentation).

PLO (Place du). Au point de réunion des rues Saint-Pierre, Courrerie, Chènebouterie, Panessac, Grenouillit et Saint-Gilles.

Cette place portait le nom de : en 1213, *planum Sancti Petri Monasterii*; en 1246, *platea Sancti Petri de Monasterio*; en 1544, *Pla de la Fruita*; en 1589 *Pla-Saint-Pierre* ; en 1609, *place del Plou*; en 1688, *place du Plo*; en 1697, *place du Plot*; sous le premier Empire, *place Bonaparte*.

Etymologies : planum, en bas-latin, place, plo, en languedocien, carrefour; fruita, en patois, fruits en général, rappelant que cette place, qui sert de nos jours de marché aux fruits et légumes, avait la même destination, en 1544, et que les restrictions qui limitaient, en 1425, l'exercice de cet usage « au temps de foire », avaient entièrement disparues. Pour Sanctus Petrus Monasterii V. rue Saint-Pierre.

Au centre de cette place, se trouve une fontaine, la plus ancienne de la ville, établie, au mois de mars 1246 et qui est connue sous l'appellation de fontaine de la Bidoire (en bas-latin buldoira), du nom d'un terroir, sis sur la route de Taulhac, près le Puy, où elle prend sa source.

En 1510, il existait aussi sur cette place, à l'entrée de la rue Saint-Gilles, un croix sculptée de pierre.

PONS-DE-CHAPTEUIL (Rue). Du boulevard Carnot à la rue de la Caserne-Romeuf.

Cette rue, ainsi appelée par décision du Conseil municipal, du 17 juillet 1889, est désignée sous le nom de *rue Calemard*, dans un plan de la ville, dressé, vers 1875, par M. A. Martin, architecte municipal. Il est regrettable que cette dernière dénomination n'ait pas été maintenue, car le nom de Calemard, qui a reçu un hommage public et mérité, en 1912 (V. Jardin Henry-Vinay), était digne à tous égards d'une mention moins timide et plus durable.

« Pons de Chapteuil, seigneur de Chapteuil, commune de Saint-Julien-Chapteuil (Haute-Loire), et par son mariage, de Vertaizon (Puy-de-Dôme), troubadour renommé, célébra dans ses chants Alazaïs, baronne de Mercœur (commune d'Ardes-sur-Couze, Puy-de-Dôme). Il prit une part active aux guerres d'Auvergne, de 1195 à 1213, et fut dépouillé de Vertaizon, en 1211, par le roi Philippe-Auguste et l'évêque de Clermont Robert d'Auvergne (1195-1227). La fierté de la baronne Alazaïs lui fit quitter, vers 1219, l'Auvergne et le Velay pour la Provence, où il célébra une dame Audiard, femme d'un vicomte de Marseille. Rentré en grâce auprès d'Alazaïs, il revint en Velay, mais se rendit ensuite en Palestine (vers 1227), et y mourut. Il avait prêché la Croisade dans trois poèmes remarquables, en 1211-1213. Il nous reste de lui dix-huit chants, de haute inspiration et absolument parfaits de forme » (Note de M. C. Fabre).

PONT-NEUF (Boulevard du). Du boulevard Carnot à l'avenue du Dr André-Chantemesse.

Connu sous le nom de : en 1419, *Pons Novus*; en 1443, *territorium del Pont-Nou*, vel *de Ponte Novo*; en 1645, *le Pont-Neuf*.

Emprunte son nom à un pont sis sur la Borne, qui fut en partie détruit par une inondation, survenue le 6 août 1469, puis reconstruit.

PONT-SAINT-BARTHÉLEMY (Rue du). Du boulevard du Maréchal-Fayolle à l'avenue de la Dentelle.

Dénomination empruntée au faubourg de même nom et donnée au pont qui fut construit sur le Dolaizon, en 1806 (V. Faubourg Saint-Barthélemy).

PORTAIL-D'AVIGNON (Rue du). Du boulevard du Maréchal-Fayolle à la place du Théron.

Cette rue s'appelait : en 1533, *carreria Portalis Advinionis*; en 1540, *rue de la Porte-d'Avinhon*; en 1544, *rue d'Avignon*; en 1619, *rue de la Porte-d'Avignhon*; en 1688, *rue du Portal-d'Avignon*.

L'étymologie la plus vraisemblable est que la porte de cette rue, connue, dès 1456, sous la dénomination de *Portal de Avinho*, donnait sur le chemin du Puy à Avignon.

PORTE-AIGUIÈRE (Rue). De la place du Martouret à la place du Breuil.

Cette rue, qui existait au moins depuis l'année 1271, a pris le nom de la porte, donnant sur la prairie du Breuil et dont on trouve la première mention, en 1241. Elle est citée, dans les documents, avec les variantes suivantes : en 1340, *carreria de Porta Eygueyra*; en 1611, *rue de Porte-Esguièrre*; en 1685, *rue Porte-Esgyère*.

Médicis donne la véritable étymologie de ce nom, en rappelant que les « esguières » (du mot bas-latin Aiguiera) sont « les conduists soubsterrains » qui déversaient les eaux de la ville dans la rivière du Dolaizon.

POUZAROT (Rue du). De la place du Planet à la rue de Sainte-Claire.

Cette rue a pris le nom d'un ancien quartier de la ville, désigné, en 1186, sous l'appellation de *Posarot*. Elle fut successivement nommée : en 1372, *carreria de Pozarot*; en 1426, *carreria de Posaroto*; en 1480, *carreyra de Peyra-Pessada*, en 1594, *rue de Pouzarot*; en 1740, *rue de Peyre-Pesade ou Pouzarot*; en 1795, *rue Foiralle*.

Sous la forme contractée de Pouzarot, on reconnaît aisément tous les éléments qui entrent dans la composition du nom de Poux la Roche, dénomination ancienne de la fontaine de ce quartier. Dans Peyra Pessada, on trouve peyra, signifiant pierre, mais le mot pessada est intraduisible. Ce dernier nom, qui doit être le vocable de quelque terroir, était déjà porté, en 1215, par un certain « Ribauts de Petrapessada ».

PRAT-DU-LOUP. V. Plat du Loup (Rue du).

PRÉSENTATION (Rue de la). De la rue de l'Abbé-de-l'Epée à la rue de l'Ancienne-Préfecture.

Nom récemment donné à la partie supérieure de la rue de l'Abbé-de-l'Épée (V. ce mot), en souvenir des religieuses de la Présentation, du Bourg-Argental qui, depuis 1841, dirigent l'institution des Sourdes-Muettes, dans leur immeuble de la place de la Plâtrière.

R.

RAPHAËL (Rue). De la rue Chènebouterie à la rue des Tables.

Cette rue apparaît pour la première fois, en 1272, sous la rubrique, *carreria de Rafaello vel de Raphaello*; en 1456, *charreyra de Raphael*; en 1699, *rue de Raphael*; en 1794, *rue du Commerce*; en 1799, *rue Sociale*.

La chronique de Saint-Pierre-le-Monastier cite, entre les années 1033 et 1050, un terroir du Puy qu'elle dénomme improprement *terra de Fornel*, au lieu de *Rafael* que portait certainement le texte primitif. Ce terroir a servi de nom patronymique à une famille que l'on trouve mentionnée dans les actes, de 1040 à 1213.

A signaler, dans cette rue, les maisons : n° 48, façade de 1763, possède un passage voûté accédant à la cour et une cage d'escalier, de l'époque Renaissance, ainsi qu'un plafond, à poutrelles du XVIIIe siècle sur lequel on a peint des sujets mythologiques, au second étage ; — n° 58, de la période Renaissance, avec ses colonnes ioniques ou corinthiennes et ses artistiques mascarons.

RÉPUBLIQUE (Avenue de la). De la place Cadelade à l'entrée du *faubourg Saint-Jean.*

Cette avenue, qualifiée inexactement de boulevard et dont la création remonte à l'année 1907, a été ainsi dénommée par délibération du Conseil municipal, du 25 mars 1910. Elle a été en partie établie sur l'emplacement de l'ancien clos de l'institution des religieuses de Sainte-Marie, dont les bâtiments servent actuellement d'école communale, depuis octobre 1907.

Le conseil d'administration de la Caisse d'épargne du Puy, dont le siège était à la mairie, depuis le 15 décembre 1834, date de sa fondation, a fait édifier un coquet hôtel sur cette avenue.

ROCHE-ARNAUD (Chemin de). De la rue de l'Orphelinat au domaine dit de Roche-Arnaud.

Ce nom est emprunté à un terroir, connu, dès 1236, sous la dénomination de *territorium de Rocha Arnaudi* et, en 1561, sous celle de *Rocharnaud.*

ROCHER (Rue du). De la rue Saint-Georges à la porte du rocher de Corneille.

Tout donne à supposer que cette rue se divisait jadis en deux parties, celle longeant la cathédrale, dénommée au XVIIIe siècle, *rue de la cathédrale* et, en 1794, *rue de la Raison*, et celle, venant à la suite et débouchant au rocher de Corneille, connue, en 1711, sous le nom de *rue Saint-Pierre-le-Vieux*, en 1760, *rue de Corneille*, vers 1780, *rue Sainte-Catherine* et, en 1794, *rue du Rocher.*

Ces diverses dénominations rappellent : 1° la Cathédrale, édifice en tous points remarquable, dont la hardiesse de construction, dans la vide, étonne et qui, dans son ensemble comme dans ses détails, échappe à une description sommaire, mais offre un champ d'études aussi vaste que varié, à l'archéologue désireux de s'instruire sur les évolutions successives du style roman, au cours de ses trois siècles d'existence (XIe-XIIIe siècles) ; — 2° Saint-Pierre-le-Vieux, nom de la chapelle domestique de l'hôtel des seigneurs de Chalencon, signalée dès l'année 1213 et dont il reste quelques vestiges, notamment une grille en fer forgé du XVe siècle ; — 3° Sainte-Catherine est le vocable du couvent de Sainte-Catherine de Sienne, fondé dans cette rue, en 1605, par Catherine de Colomb, veuve de Gervais de Polaillon, seigneur de Glavenas ; — 4° Corneille est le nom de la brèche volcanique qui domine si pittoresquement la ville et sur laquelle a été érigée, en 1860, une statue colossale de Notre-Dame de France, d'une hauteur de 16 mètres au-dessus du piédestal, fondue avec le bronze des canons pris à Sébastopol et qui est l'œuvre du statuaire parisien Jean Bonnassieux.

Dans cette rue et près de la chapelle de Saint-Pierre-le-Vieux, se trouve une belle porte romane, du XIIe siècle, avec son archivolte ornée de bâtons brisés.

ROCHETAILLADE (Rue). De la rue Saunerie à la rue de l'Ancienne-Préfecture.

Cette rue, qui existait, en 1259, est ainsi mentionnée dans les actes : en 1294, *Rocha Taliada*; en 1313, *carreria de Rochatalhada*; en 1512, *carreria Ruppis Sizæ*; en 1527, *carreria Ruppis Cizæ*; en 1615, *rue de la Rochetalhade*; en 1685, *rue de Rochetaliade.*

Les formes, vulgaires ou latines, du nom de cette rue démontrent qu'on a voulu rappeler qu'elle avait été « taillée » dans le rocher.

A signaler dans cette rue, les maisons : n° 7, de style roman, l'une des plus anciennes de la ville et qui, avec ses deux ouvertures du rez-de-chaussée et ses deux fenêtres cintrées du second étage, offre un type rare des maisons privées du XIIIe siècle, malgré les remaniements successifs qui ont altéré quelques unes de ses dispositions primitives surtout à l'intérieur ; — Celle placée à l'angle de la rue de l'Ancienne-Préfecture, avec la façade de l'époque romane, ornée de grands arcs, de vestiges de mosaïque et d'une belle tourelle. A titre de souvenir, mentionnons aussi la maison dite de l'Ange-Gardien, remontant au commencement du XVIe siècle, et dont il ne reste de nos jours que l'ange sculpté placé à l'angle du couvent, sis dans cette rue, et occupé par les sœurs de la « société de Saint-Charles », établie au Puy, en 1632, par l'évêque Just de Serres, pour s'occuper de l'instruction des filles de la campagne et donner leurs soins aux malades.

RONZADE (Rue de la). Rue partant et aboutissant avenue Alexandre-Clair.

Cette dénomination donnée par le Conseil municipal, le 17 juillet 1889, a remplacé celle de *chemin derrière la maison Clapier*. Elle est empruntée à un plateau de la commune de Vals, jadis vignoble, entre 1280 et 1334, qui a successivement porté les noms de : en 1246, *Rozada*; en 1282, *Rossada* vel *Rozada*; en 1565, *Rozade.*

N.-B. — Il conviendrait de changer ce nom qui n'offre aucun intérêt.

RONZON (Rue de). Du boulevard Saint-Louis au faubourg des Capucins.

Nom d'origine moderne et qui est emprunté à une colline, sise dans la commune du Puy, dénommée : en 1089, *Rezonzio* ; en 1253, *Reonso* ; au XVIe siècle, *Ronson.*

C'est sur cette colline que s'élevait, au moins depuis l'année 1277, le gibet de la ville du Puy, qui fut délaissé, à partir de 1629, pour « la poutance autrement estrappade », dressée près de la porte Saint-Gilles.

S.

SAINT-ANTOINE (Rue). De la rue Sainte-Marie à la place du Bachat.

Cette rue est citée : en 1294, *carreria Sancti Antonii* ; en 1544, *rue Saint-Anthoine*.

Vraisemblablement ainsi dénommée, en l'honneur de saint Antoine de Padoue (1195-1231) qui, d'après Médicis, passe pour être venu au Puy.

L'abbaye cistercienne de Mazan (Ardèche), fondée en 1119, possédait, dans cette rue, une maison, brûlée, le 25 novembre 1550, lors du terrible incendie du quartier de Pouzarot. De nos jours, il ne reste plus de cette maison, qu'une niche et un cintre romans.

SAINT-BARTHÉLEMY (Faubourg). De la rue des Tanneries au pont Saint-Barthélemy.

Est désigné invariablement sous ce nom, depuis 1588 jusqu'en 1794, où il fut appelé *faubourg de la République*.

Sa dénomination est empruntée à la commanderie de Saint-Barthélemy fondée, dans ce quartier, par les Templiers, vers 1170, et qui passa, en 1312, lors de leur expulsion, aux Hospitaliers de Saint-Jean-de-Jérusalem, qui subsistèrent jusqu'en 1790. Malgré de profonds et regrettables remaniements, il reste encore d'intéressants vestiges des bâtiments primitifs de cette commanderie et, notamment, de l'église, édifiée au milieu du XIIe siècle, et d'une vaste salle, affectée probablement à un réfectoire.

SAINTE-AGATHE (Rue). De la place Cadelade à la place du Planet.

En 1723, on trouve la mention suivante : *fontaine et place Sainte-Aguette*; en 1738 et 1760, *rue Sainte-Agathe*; en 1794, *rue de la Frugalité*.

Cette dénomination rappelle que, par contrat du 5 février 1644, Claude Spert de Volhac, abbé de Saint-Pierre-Latour (1622-1676), acquit une maison dans ce quartier, pour y fonder le couvent de Sainte-Agathe, destiné à interner les filles repenties. Cet établissement, dont l'administration fut primitivement confiée aux religieuses de Sainte-Marie de Notre-Dame, fut remplacé par celui de Saint-Maurice (V. ce nom).

SAINTE-CATHERINE (chemin de). Partant de l'entrée du faubourg Saint-Jean, dans une direction parallèle à la route nationale.

Du nom d'un moulin, successivement désigné : en 1295, *molendinum Sancti Agrippani*; en 1466, *molindinum de Saint-Agreve*; en 1624, *le molin des religieuses de Saincte-Catherine de Sienne*.

La dénomination de Saint-Agrève rappelle la collégiale du même nom, qui existait déjà en 985 et qui fut réunie au Séminaire du Puy, par décret épiscopal du 10 octobre 1680. Celle de Sainte-Catherine vient de ce que ce moulin a appartenu aux religieuses de Sainte-Catherine de Sienne, qui vinrent s'établir au Puy, en 1605, dans le couvent fondé à leur intention par Catherine de Colomb, veuve de Gervais dè Polaillon, seigneur de Bouzols, en Gévaudan, et de Glavenas, en Velay.

C'est à l'entrée de ce chemin que se trouve l'usine qui, à partir de mars 1845, fournit le gaz aux 132 premiers becs, disséminés dans les bas quartiers de la ville, en remplacement des lanternes à huile, allumées seulement les nuits sans clair de lune et qui, en 1805, n'étaient qu'au nombre total de 15.

SAINTE-CLAIRE (Rue). De la rue Sous-Sainte-Claire à la place du Bachat.

Cette rue a toujours été connue sous sa dénomination actuelle, sauf, en 1794, où on lui donna temporairement celle de *rue Sociale.*

Elle doit son nom au couvent de Sainte-Claire, établi au Puy, en 1425, par les Clarisses de l'institut de Sainte Colette, grâce à la générosité de Clauda de Roussillon, vicomtesse de Polignac.

SAINTE-MARIE (Rue). De la place du Planet à la rue Saint-Antoine.

Connue, à la fin du XVIIIe siècle sous le nom de *rue Sainte-Marie*, elle prit celui de *rue de l'Amitié*, en 1794.

Appellation empruntée aux religieuses de Notre-Dame-Sainte-Marie. V. Rue de la Caserne-Mouton-Duvernet.

SAINT-FRANÇOIS-RÉGIS (Rue). De la rue du Collège à la rue des Sept-Épées.

Cette rue a successivement porté les noms de : en 1320 et 1347, *carreria de Sabateria* ; en 1544, *la Sabaterie* ; en 1723, *rue de l'Enfer* ; en 1794, *rue de la Vérité*; en 1807, *rue de l'Enfer* ; vers 1836, *rue du Collège* ; par délibération du Conseil municipal, du 17 juillet 1889, *rue Saint-François-Régis.*

Étymologies : Pour Sabateria et Collège, V. rue du Collège. On ignore d'où est tirée l'appellation de rue de l'Enfer. Quant à Saint-François-Régis, on a voulu honorer la mémoire du jésuite-prédicateur de ce nom, né à Foncouverte (Aude), le 31 janvier 1597, mort à La Louvesc (Ardèche), le 31 décembre 1640, dont l'intervention pressante parvint à faire révoquer les édits somptuaires qui, en 1640, menaçaient de ruiner totalement l'industrie dentellière du Velay.

SAINT-GEORGES (Rue). De la rue de Vienne à la rue du Rocher.

Cette rue, qui a reçu le nom de *Saint-Georges*, dans le courant du XIXe siècle, était connue sous la dénomination de : en 1340, *en Grateloup* ; en 1471, *carreria de Gratalop* ; en 1711, *rue du Grateloup*.

Le nom de Grateloup est emprunté à l'hôtel des Dauphins de Viennois, sis dans cette rue et désigné, en 1282 « domus de Gratalop ». Celui de Saint-Georges. apôtre du Velay, a servi de vocable à une église, édifiée, croit-on, dans les premières années du Xe siècle, par l'évêque Norbert de Poitiers, démolie, pour cause de vétusté, en 1706, et remplacée par l'église actuelle du Séminaire.

On remarque, dans cette rue : 1° La porte, signalée dès 1233, qui encadre d'une façon si pittoresque la vue du rocher de Corneille ; — 2° la maison n° 11, où l'on voit, au rez-de-chaussée, une colonne centrale, dont le grand chapiteau est orné d'anges; — 3° la maison de la Prévôté du chapitre cathédral, avec sa porte gothique de la fin du XVe siècle, et son escalier tournant ; — 4° l'église de Saint-Jean des fonts baptismaux, édifiée au moins au début du XIe siècle, sur un plan tréflé, et qui a conservé, notamment dans son abside, quelques-unes de ses dispositions primitives. On pénètre dans ce monument par deux portes, dont l'une, celle du sud, devait être précédée d'un porche, dont les piédroits étaient supportés par les deux lions de pierre, symboles de la force, qu'on voit encore de nos jours; — 5° l'hôtel de Grateloup, dont la porte principale donnant sur la rue du Cloître est surmontée des armes sculptées et accolées des familles de Nerestang et de La Tour-Maubourg, et dans lequel existe une ancienne chapelle, dédiée à saint Vincent.

SAINT-GILLES (Rue). De la place du Plo à la place du Breuil.

Cette rue existait dès 1250 et portait, en 1286, le nom de *carreria Sancti Egidii*; en 1585, *rue Sainct Gilles*; en 1794, *rue de l'Industrie*.

Sa dénomination lui vient de l'hôpital Saint-Gilles, sis dans ce quartier, et connu depuis l'année 1227, et non, comme le prétend Médicis, de ce que l'on passait par cette rue « pour aller à l'antique ville de Sainct-Gilles en Languedoc ».

Signalons, dans cette rue, les maisons : n° 8, dont les soubassements remontent au XIIIe siècle, et qui possède une belle façade, décorée de pilastres, du XVIIIe siècle, une cour avec des arceaux, dont l'un porte la date de 1587, sur un des écussons de la clé de voûte, et des caves, fort anciennes, munies de meurtrières; — n° 30, maison datée de l'année 1645.

SAINT-JACQUES (Rue). De la place du Plo au boulevard St-Louis.

Cette rue est mentionnée à partir de 1314 et dénommée : en 1457, *charreyra Saint-Jacme*; en 1586, *rue Sainct-Jacques*; en 1794, *rue Marat*.

Bien que Médicis prétende que le nom de cette rue provenait de ce que l'on y passait pour « aller au pélérinage du glorieux appotre sainct Jacques le Majour en Compostelle », il est plus probable qu'elle a emprunté sa dénomination à l'hôpital Saint-Jacques, sis près de la porte de ce nom, et qui a existé de 1253 à la fin du XVIe siècle.

A retenir, dans cette rue, la maison n° 21, datée de l'année 1538, avec les galeries superposées de sa cour intérieure et sa tourelle d'escalier terminée en belvédère.

SAINT-JEAN (Faubourg). De la place Cadelade à la sortie de la ville.

Etait connu sous l'appellation de : en 1591, *faulxbourgs Sainct-Jehan*; en 1603, *faubourg Sainct-Jehan-La-Chevalerie*; en 1731, *faubourg de Saint-Jean-de-Jérusalem*; en 1794, *faubourg de la Fraternité*.

Le nom de Saint-Jean rappelle l'hôpital des chevaliers de Saint-Jean-de-Jérusalem, établi à la sortie de ce faubourg, vers 1150, et supprimé en 1790. A l'exception de quelques rares vestiges de la façade de son église gothique, remontant au XIVe siècle et de nos jours convertie en logements privés, il ne reste plus aucune trace des bâtiments fortifiés (en 1388) de cette ancienne commanderie.

SAINT-LOUIS (Boulevard). De la place du Breuil aux boulevards Carnot et Gambetta.

Ce boulevard, dont la création remonte au commencement du XIXe siècle, n'a cessé de porter ce nom, depuis l'année 1818, en commémoration du roi Louis IX, qui fit don à la cathédrale, en août 1239 (1) d'une épine de la Sainte Couronne et, croit-on, de la célèbre Vierge noire, lors de son pèlerinage au Puy, en août 1254, à son retour de la septième Croisade. De 1604 à 1703, une hôtellerie, sise à proximité de ce boulevard, dans la rue Saint-Jacques, avait déjà adopté ce vocable de Saint-Louis, sur son enseigne. (V. rue du Général-Lafayette).

SAINT-MAURICE (Place). A l'extrémité de la rue du même nom.

Cette place a toujours été connue sous le nom de *place Saint-Maurice*, jusqu'en 1794, où elle fut appelée momentanément *place de la Paix*.

Sa dénomination vient du couvent de Notre-Dame du Refuge de Saint-Maurice, destiné aux filles repenties, et qui fut fondé, le 18 octobre 1687, par l'évêque du Puy, Armand de Béthune, qui y consacra près de 80.000 livres de sa fortune personnelle. Il avait remplacé celui de Sainte-Agathe (V. ce nom), qui tombait en ruines. Supprimé à la Révolution, il servit de prison, en 1792, pour les prêtres insermentés, d'école secondaire, en 1803, et devint, en 1815, la propriété des religieuses de la Visitation, qui l'habitent encore.

SAINT-MAURICE (Rue). De la place de ce nom à la rue des Tables.

SAINT-MAYOL (Rue). De la rue Grasmanent à la rue des Pénitents.

Avant la délibération du conseil municipal, du 17 juillet 1889, lui assignant ce nom, cette rue s'appelait *rue entre-les-Deux-Hospices*.

Le nom des deux-Hospices indique la situation de cette rue entre l'Hôtel-Dieu et l'Hôpital-Général. Le premier de ces établissements, dont une légende, sans fondement historique, fait remonter la fondation à l'année 596, ne paraît pas avoir existé, avant les premières années du XIIe siècle, puisque, antérieurement à 1144, aucun document n'en fait mention. Pour l'Hôpital-Général, V. rue de l'Hôpital-Général.

Saint-Mayol, abbé de Cluny (948-994), est le vocable que l'université ou collège des clercs de la cathédrale du Puy adopta, à partir de l'année 1331 environ. Cette université, sur laquelle nos historiens locaux ont longuement disserté et que les uns ont représenté comme un centre d'enseignement supérieur, d'autres comme un tribunal ecclésiastique et d'autres enfin comme l'assemblée des serviteurs subalternes de la cathédrale, était en réalité une sorte d'école primaire, chargée de former des choriers et des enfants de chœur. En effet, depuis l'année 1213, date de sa plus ancienne

(1) Et non en 1241, comme le prétend M. Ch. V. Langlois (Cf. Histoire de France, publ. sous la direction de M. E. Lavisse, tome III, 2e partie, page 98).

mention, cette école ne possédait que deux maîtres, dont l'un enseignait le chant et l'autre la lecture aux dix ou douze enfants, confiés à leurs soins et qui, aux termes d'un règlement de l'an 1461, ne pouvaient être admis qu'à la condition d'être âgés de moins de 12 ans, légitimes, sains de corps et bien conformés. Cette université avait des biens propres qu'elle administrait, sous le haut contrôle du chapitre, et possédait au nord-ouest du cloître de la cathédrale une tour, haute de quatre étages, du commencement du XIIe siècle et qui fut malheureusement démolie, en 1845, sur l'intervention de l'architecte Mallay, le déplorable restaurateur de nos monuments historiques.

SAINT-PIERRE (Rue). De la place du Plo à la place du Martouret.

Cette rue, créée en janvier 1817 et ouverte à la circulation, en 1819, avait reçu primitivement le nom de *rue Neuve-de-Saint-Pierre*.

Ce nom vient de l'ancienne abbaye de Saint-Pierre le Monastier, qui existait déjà en 968, date à laquelle un vicomte de Polignac lui fit don d'une maison et église dite de Saint-Hippolyte « le tout ruiné et joignant » son cimetière. Son église, fondée le 13 avril 993, déjà privée de son clocher qui, menaçant ruines, fut démoli en 1782, s'effondra elle-même, le 17 novembre 1800. Le nom de Monastier, ajouté à celui de Saint-Pierre, rappelle le droit de collation de ce bénéfice, concédé à perpétuité aux abbés du Monastier-Saint-Chaffre, lors de la susdite fondation de l'église.

C'est dans cette rue qu'on a construit un bâtiment, dont la première pierre fut posée le 3 avril 1822, à l'usage du tribunal de commerce du Puy, créé par décrets du 22 décembre 1790 et 6 octobre 1809.

N.-B. Il serait utile, pour plus de précision, de dire rue Saint-Pierre-le-Monastier.

SAINT-PIERRE-LATOUR (Place). Commence rue Jules-Vallès et finit à la rue de l'Ancienne-Préfecture.

Cette place est connue sous le nom de : en 1237, *planum Sancti Petri de Turre*; en 1544, *place devant Saint-Pierre-Latour*; en 1578 et jusqu'à la Révolution, *place du Chancelier*; en 1794, *place de l'Homme-armé*.

Sa dénomination actuelle vient de l'abbaye séculière de Saint-Pierre-Latour, dont l'existence est attestée, par des documents authentiques, depuis l'année 876 et qui fut supprimée en 1790. Celle de Chancelier est empruntée à une maison de ce nom, « l'une des plus belles et manificques de la ville », qui fut détruite, en 1590, lors d'une émeute populaire dirigée contre Claude de Martel, lieutenant des maréchaux du Languedoc, qui en était alors le propriétaire.

SAINT-PIERRE-LATOUR (Petite place). Aux sommets des rues Jules-Vallès, des Sept-Épées et du Plâtre.

Est mentionnée, en 1544, sous la rubrique *place Soubs-Saint-Pierre-Latour*.

SAINT-ROBERT (Place). A l'extrémité de la rue de même nom.

Cette place tire son nom, au moins depuis l'année 1684, d'un ancien prieuré dépendant de l'abbaye de la Chaise-Dieu et placé sous le vocable de saint Robert, fondateur et premier abbé de ce monastère (1043-1067). Ce prieuré existait déjà à la fin du XIe siècle, puisque, en 1102, Pons de Tournon, abbé de La Chaise-Dieu, obtint l'autorisation d'y annexer un oratoire, sans clocher ni cimetière et à l'usage exclusif des religieux qui y demeuraient.

SAINT-ROBERT (Rue). De la rue Saint-Mayol à la place Saint-Robert.

Connue, en 1711, sous le nom de *rue de Saint-Robert*, fut appelée, en 1794, *rue Glaciale*.

SARRECROCHET (Rue). De la rue Meymac à la place de la Platrière.

Est dénommée : en 1723, *rue Sarrecrouchet*; en 1760, *rue de Ferme-Crochet*.

Sous sa forme patoise (Sarre) ou française (ferme), cette rue fournit elle-même l'explication étymologique de son nom.

SAUNERIE (Rue). De la rue Saunerie-Vieille à la rue Guy-François.

On trouve cette rue avec les appellations suivantes : en 1283, *carreria de Saunaria*; en 1340, *Saunaria Nova*; en 1341, *rue de la Saunerie*; en 1536, *la Salerie*; en 1544, *rue de la Saulnerie-jeune*; en 1574, *rue de la Sonnerye*; en 1692, *rue de la Sonnerie*.

Saunaria ou Saunerie, mots dérivés du provençal Salnaria qui signifie rue des sauniers ou marchands de sel.

Les sauniers du Puy jouissaient du droit exclusif de la vente du sel, en vertu de la concession qui leur en avait été faite, le 2 août 1226, par l'évêque Etienne de Chalencon. Malgré l'établissement de la gabelle dans la province du Languedoc, en 1341, ils purent librement exercer leur monopole, qui fut maintes fois confirmé par l'autorité royale.

SAUNERIE-VIEILLE (Rue). De la rue Chènebouterie à la rue Rochetaillade.

Cette rue est mentionnée sous les rubrique de : en 1213, *in Salnaria Veteri*; en 1255, *antiqua carreria de la Saunaria*; en 1457, *en la Saunaria-Velha*; en 1723, *rue de la Sonnerie-Vieille*.

SÉGURET (Rue de). De la rue des Tables à la place du Greffe.

On trouve cette rue sous les noms de : en 1201, *in Transversa*; en 1457, *en la Traversa*; en 1563, *rue appellée de Moravy aultrement de la Traverse*; au XVIIIe siècle, *rue du Greffe*; en 1864, *rue Haute-Ville*; en 1889, *rue de Séguret*.

Etymologies : le mot bas-latin transversa signifie chemin de traverse, nom français de cette rue ; Moravy est le nom de l'île dans laquelle se trouvait cette rue et dont on ignore l'origine étymologique; pour Greffe V. place du Greffe, et pour Séguret V. rue de Becdelièvre.

N.-B. — C'est à tort qu'on a donné à cette rue le nom de Séguret qui appartient à celle de Becdelièvre : il serait facile de réparer cette hérésie historique, en échangeant la plaque indicatrice de ces deux rues.

SÉMINAIRE (Place du). A l'entrée de la rue Saint-Georges.

Du nom du Séminaire du Puy, fondé le 10 novembre 1652, par l'évêque de Maupas du Tour, et dirigé par la congrégation de Saint-Sulpice.

SEPT-ÉPÉES (Rue des). De la rue Saint-François-Régis à la petite place Saint-Pierre-Latour.

Cette rue, qui partait à l'origine de la place du Théron (V. ce nom), est connue sous la dénomination de : en 1506 et 1544, *rue de la Fabra-Freza* ; en 1583, *rue Fave-Freze* ; en 1780, *rue des Sept-Épées* ; en 1794, *rue de Landau.*

Le mot provençal Fava Freza, signifiant fève écossée, semble indiquer que cette rue servait autrefois de marché aux légumes. L'appellation de Sept-Épées rappelle probablement l'existence d'une confrérie en l'honneur des Sept Douleurs de la Vierge, représentées, dès 1723, par une peinture en détrempe.

SOUS-SAINTE-CLAIRE (Rue). De la place du Planet au faubourg Saint-Jean (V. rue Sainte-Claire).

SOUS-SAINTE-MARIE (Rue). De la place du Bachat à la rue de la Caserne-Mouton-Duvernet (V. ce nom).

SUR-SAINTE-CLAIRE (Rue). De la place du Planet à la place du Bachat (V. rue Sainte-Claire).

T.

TABLES (Place des). A la jonction des rues Adhémar-de-Monteil, des Tables et du Général-Waldeck-Boudignon.

A l'origine cette place se confondait avec la rue des Tables et ne portait aucun nom. Ce n'est qu'à partir de l'année 1678 qu'on la trouve désignée, d'abord sous l'appellation de *place Saint-Roch*, puis, vers 1780, de *place des Tables* et, en 1794, de *place de la Montagne*.

La dénomination de Saint-Roch est empruntée au souvenir de ce Saint (guérisseur de la peste) dont « l'ymaige » placée, en 1547, « en la pille des degrez des Tables », servit ensuite d'enseigne à un logis sis à l'angle des rues Boucherie-Haute et des Tables et qui appartenait, avant 1636, à Robert Jourdain, receveur des tailles. Pour place des Tables, V. le suivant.

On remarque, sur cette place : 1° une fontaine, en partie du XVe siècle, jadis placée au bas de la rue des Farges et près de celle de la Juiverie (V. ce nom) et qui fut transférée à son emplacement actuel, en vertu d'une délibération du conseil municipal, du 18 novembre 1803. D'après Médicis, cette fontaine était le monument expiatoire qui fut élevé à l'endroit où les Juifs avaient commis, vers l'année 1325, un meurtre rituel sur la personne d'un enfant de chœur de la Cathédrale ; — 2° la maison dite maison Tharin, dont la décoration artistique révèle le retour aux ordres antiques des débuts du style Renaissance, à la fin du XVe siècle.

TABLES (Rue des). Des rues Grangevieille et des Farges à la Cathédrale.

Cette rue, dont la partie supérieure était autrefois occupée par un escalier accédant à celui de la rue des Grazes (V. ce nom), est mentionnée sous les appellations de : en 1294, *Tabulæ gradum Beatæ Mariæ*; en 1308, *Carreria de Tabulis*; en 1457, *en las Taulas*; en 1678, *rue des Taulles*; en 1694, *rue des Tables;* en 1781, *rue des Tables ou Poissonerie*.

Tabulæ et ses divers dérivés signifient bancs de marchands, étals. Cette rue était en effet jadis garnie de tables sur lesquelles les marchands de la ville étalaient les épingles, les images, les chapelets, les chandelles et les cierges qu'ils débitaient aux pélerins se rendant à la Cathédrale. C'est aussi dans cette rue que se trouvait la plupart des boutiques d'orfèvres, fort nombreuses au moyen âge et réduites seulement à quatre, à la fin du XVIIIe siècle. Dès le XIIIe siècle, ces orfèvres formaient une corporation importante, dont les statuts furent confirmés par lettres royaux, de janvier 1343. Le mot Poissonerie, vient de ce qu'à partir de l'année 1549 (février), la petite place, connue dès cette époque sous le nom de *Forn-du-poisson* et qui se trouve actuellement au dessus de la maison de la rue des Tables portant le n° 25, servait de marché aux poissons, à l'exclusion des autres quartiers de la ville, à partir de 1773.

Les maisons de cette rue portant les n°s 7, 24 et 26 possèdent quelques intéressants vestiges de l'époque Renaissance.

TANNERIES (Rue des). De la rue des Moulins à la rue Jean-Burel.

Etait connue, en 1603, sous l'appellation de *rue des Tasneries*; au XVIIIe siècle elle était comprise dans le *faubourg Saint-Barthélemy*, dont elle a aussi porté le nom, à la Révolution, pour reprendre sa première dénomination, en vertu d'une délibération du conseil municipal, du 17 juillet 1889.

C'est dans cette rue que se trouvaient les ouvroirs (ateliers) des tanneurs du Puy, dont les statuts, communs avec les cordonniers, furent établis, le 18 décembre 1551, confirmés en 1576 et revisés en 1595, 1715, 1730 et 1741. Du commencement du XVIe siècle jusqu'en l'année 1741, où elle comptait 84 adhérents, cette corporation jouit d'une grande prospérité, mais, en 1787, elle était à son déclin et le nombre de ses membres était tombé à 24.

TAULHAC (Avenue de). De l'avenue de la Dentelle au village de Taulhac.

Le village auquel aboutit cette avenue est connu, sous la forme primitive gallo-romaine de *Tauliacus*, depuis l'année 993.

C'est sur cette avenue que se trouve le couvent moderne des Carmélites, qui vinrent s'installer au Puy, au moins depuis l'année 1347.

TAULHAC (Passerelle de). De la rue des Tanneries à l'avenue de Taulhac.

TEINTURIERS (Rue des). Du boulevard du Maréchal-Fayolle à la rue des Carmes.

Les teinturiers n'ont occupé qu'une place secondaire dans la vie économique du Puy et les documents d'archives ne fournissent que fort peu de renseignements sur leur histoire. On sait seulement qu'ils ne formaient pas de corporation spéciale, que la première mention les concernant date de l'année 1626 et que le contrat d'apprentissage de ce métier était d'une durée de deux ans. En 1787, les teinturiers comptaient six représentants dans la ville.

THÉRON (Place du). A la jonction des rues du Portail-d'Avignon, de la Chaussade, du Général-Lafayette et de la Chèvrerie.

S'appelait anciennement place de la Monnaie et est ainsi désignée dans les actes : en 1320, *lo pla de la Moneda*; en 1505, *planum Monetæ*; en 1544, *el planet de la Moneda*; en 1598, *la Placette aultrement dit Plo de la Monede*.

A proximité de cette place, il existait aussi une rue de la Monnaie, connue, en 1283, sous la rubrique de *Carreria vocata de Moneta* vel *deus Moneders*.

La dénomination de Monnaie provient très probablement de ce que les monnayeurs chargés de la frappe des monnaies des évêques du Puy, depuis l'année 924 jusqu'en 1318 au moins, devaient habiter dans ce quartier. Celle du Théron, d'origine moderne, a été empruntée à la fontaine de ce nom que l'on voit sur cette place et qu'un acte de 1284 cite en ces termes : *fons quæ vocatur del Teron*. Le nom de Théron est certainement celui d'un terroir, car, en vieux français, terron signifie terre.

TRAVERSIÈRE-DE-CADELADE (Rue). De la place Cadelade à la place du Planet.

TRAVERSIÈRE-DES-MOURGUES (Rue) De la place du Martouret à la rue des Mourgues.

Cette rue était connue dès l'année 1294, sous le nom de rue de la Ollerie. Elle est désignée : en 1340, *carreria vocata de l'Olaria*; en 1412, *rue de la Ollerie ou du Martouret*; en 1697, *rue du Martouret*.

Ollerie est un dérivé du mot provençal Oller, signifiant fabricant d'huile et, par extension, magasin où l'on vend de l'huile. Pour Martouret, V. ci-dessus.

C'est dans cette rue qu'un Arménien du nom bien oriental de Versannes Soleil, s'inspirant de l'initiative de deux de ses compatriotes à Paris, ouvrit, avec un nommé Blaise Boucard, marchand de liqueurs, le premier café du Puy, au mois de juillet 1697.

TRAVERSIÈRE-DES-TABLES (Rue). De la rue des Tables à la rue Adhémar-de-Monteil.

TRAVERSIÈRE-DU-CONSULAT (Rue). De la rue du Consulat à la rue Grangevieille.

Etait primitivement connue sous le nom de rue de la Grange.

Bien que des documents signalent l'existence d'une rue de la Grange, dès l'année 1261, nous croyons que cette dénomination doit être attribuée, au moins jusqu'en 1328, à la rue Grangevieille. Quoi qu'il en soit, ce n'est qu'à partir de 1437 qu'on trouve ces deux rues nettement désignées et sans qu'il soit possible de les confondre. Voici les divers noms qui lui ont été assignés : en 1456, *la Grangha del Blat*; en 1462, *rue de la Grange* « en laquelle on vand de présent le bled »; en 1544, *rue de la Grange*; en 1723, *Traverse-du-Consulat*; en 1745, *rue de la Grange.*

Pour les étymologies V. rue Grangevieille et rue du Consulat.

V.

VERDUN (Rue de). De la rue du Pouzarot à la place du Bachat.

Cette rue, mentionnée pour la première fois en 1457, est dénommée : en 1526, *carreria appellata en Verdu*; en 1594, *rue de Verdun.*

L'étymologie la plus vraisemblable est que ce nom de Verdu ou Verdun est une forme altérée du mot bas-latin verdonum, qui signifie pré ou métairie.

VIBERT (Rue). De la place du Breuil à l'avenue Alexandre-Clair.

Cette rue a porté successivement les noms de : de 1532 à 1730, *faubourg Saint-Gilles*; au milieu du XVIIIe siècle, *faubourg du Breuil*; en 1794, *faubourg de la République*; en 1799, *faubourg de la Liberté*; après la Révolution, *faubourg du Breuil*; par délibération du conseil municipal, du 6 juin 1906, *rue Vibert.*

La dénomination de rue Vibert a été donnée en souvenir de la famille de ce nom, à laquelle on doit : Jean-Baptiste Vibert, directeur du Musée et des écoles industrielles du Puy (1800-1871); — Emile Vibert, docteur en médecine, chirurgien en chef de hôpitaux de la ville (1830-1888) ; — Paul Vibert, docteur en médecine, qui a doté sa ville natale de la fontaine monumentale, surmontée de la Baigneuse en bronze du statuaire Julien, qui a été inaugurée, le 21 octobre 1906, sur le boulevard Carnot (1865-1906).

VICTOR-HUGO (Cours). De la place Jules-Michelet à la rue Antoine-Martin.

Ce cours, créé en 1893 sur l'emplacement d'une partie du faubourg Saint-

Barthélemy (V. ce nom), a reçu cette dénomination, par délibération du Conseil municipal, du 14 juillet 1896, en l'honneur du célèbre poète Victor Hugo (1802-1885).

VIENNE (Chemin de). Du faubourg Saint-Jean à la rue de Vienne.

Ce chemin, aussi connu sous le nom de *chemin de Petit-Vienne*, était dénommé *chemin de la coste de Vienne*, en 1807 (V. le suivant).

C'est sur ce chemin que les religieuses du Bon-Pasteur, d'Angers, à la demande de l'évêque de Bonald, ont ouvert, en 1836, une maison de refuge de Repenties qui, depuis 1790 jusqu'à cette époque, étaient renfermées à l'Hôpital-général. Antérieurement à la Révolution et à partir de 1688, cet établissement recueillait déjà les filles en question, appartenant aux basses classes, celles « d'honnêtes familles » étant internées dans le couvent de Saint-Maurice (V. ce nom). Le local affecté à ce service portait aussi le nom de « maison du Bon-Pasteur » et se trouvait, à l'origine, sur l'emplacement de la chapelle actuelle de cet hôpital, construite en 1752, sur les plans de l'architecte Portal, et solennellement inaugurée par l'évêque Lefranc de Pompignan, le 3 mai 1757.

VIENNE (Rue de). De la rue de l'Ancienne-Préfecture au chemin de Vienne.

Elle est dénommée : en 1294, *carreria de Vienna*; en 1345, *carreria Viennæ*; en 1456, *charreyra de Viana*; en 1595, *rue de Vianne*; en 1607, *rue de Vyanne*.

D'après le chroniqueur Médicis, cette appellation proviendrait de ce que « les gens de la très antiquissime ville de Vienne » entraient par la porte de cette rue, lorsqu'ils venaient en pèlerinage « à Nostre-Dame du Puy ».

On trouve dans cette rue la maison-mère des dames de l'Instruction, fondée en 1668, et qui fusionna, en 1704, avec celle de l'Enfant-Jésus, pour ne faire qu'une seule institution, dans laquelle se recrutent les nombreuses Béates du département de la Haute-Loire.

On accède par cette rue au cimetière du Nord, où la première inhumation eut lieu le 14 mai 1725.

VILLENEUVE (Rue). De la rue Grangevieille à la rue du Consulat.

Jusque vers l'année 1457 environ, cette dénomination fut attribuée à la rue du Consulat (V. ce nom). Elle est mentionnée : en 1457, *en Viala Nova*; en 1565, *rue de Villeneufve*; en 1644, *rue appellée de Villeneufve autrement de la Granette*.

Pour l'étymologie de Villeneuve V. Consulat (rue du). Granette est une déformation du vieux mot français Grenette qui signifie halle aux grains, laquelle se trouvait jadis à proximité de cette rue.

Quoique tombant de vétusté, la maison n° 21 de cette rue, avec sa baie géminée et son ouverture rectangulaire de la fin du XIIIe siècle, mérite une mention spéciale.

VISITATION (Rue de la). De la rue des Tables à la place Saint-Maurice.

Pour l'origine de ce nom, V. rue Guillaume-Tardif et place Saint-Maurice.

ERRATUM : rue Jules-Vallès : *au lieu de* : né à Vourzac (Haute-Loire), le 11 octobre 1807, décédé à Paris, le 15 février 1885, *lire* : né au Puy, place de la Plâtrière, le 11 juin 1832, décédé à Paris, le 14 février 1885.

TABLE DES FORMES ANCIENNES

ET DES MATIÈRES PRINCIPALES

I.

Industrie. *Saint-Gilles.*
Instruction. Couvent. V. *Vienne.*

J.

Juerie, Juifferie, Juifverie. *Juiverie.*
Jules Vallès. V. *Henry-Vinay.*
Julien (P.). Sculpteur. V. *Carnot.*
Juzior. *Juiverie.*

L.

Landau. *Sept-Epées.*
Liberté. *Carmes, Martouret, Vibert.*
Lycée de jeunes filles. V. *Jules Michelet.*

M.

Macellum Inferius. *Boucherie-Basse.*
Macellum Secureti, Macellum Superius. *Boucherie-Haute.*
Mairie. V. *Martouret.*
Marat. *Capucins, Saint-Jacques.*
Martoret, Martoretum. *Martouret.*
Martouret. *Traversière-des-Mourgues.*
Masel-Soheire. *Boucherie-Haute.*
Masel-Soteyra. *Boucherie-Basse.*
Mazan. Abbaye. V. *Saint-Antoine.*
Mère-Agnès. V. *Ouche (L').*
Meymarc. *Meymac.*
Mollin-de-Pataud. *Moulin-Pataud.*
Moneda, Moneders, Moneta. *Théron.*
Monferran. *Montferrand.*
Mongros. *Antoine-Clet.*
Monnaies. V. *Théron.*
Monpeyros. *Adhémar-de-Monteil.*
Montagne. *Farges, Francheterre-Sauvadet, Montferrand, Tables.*
Montpeyros, Montpeyroux. *Adhémar-de-Monteil.*
Moravy. *Séguret.*
Musée. V. *Ancien-Musée, Henry-Vinay.*

N.

Naberte. *Plat-du-Loup.*
Neuve-de-l'Ouche. *Pierre-Cardinal.*
Neuve-Saint-Pierre. *Saint-Pierre.*
Notre-Dame-de-France. Statue. V. *Rocher.*
Notre-Dame du Refuge. Couvent. V. *Saint-Maurice.*

O.

Obradors. *Dolaizon.*
Ocha subtus Grangiam. *Ouche (L').*
Odin (Pierre). V. *For* (place du).
Olaria, Ollerie. *Traversière-des-Mourgues.*
Orfèvres. V. *Tables.*
Orts doux Morgues, Orts doux Mourgues, Ortus Monachorum. *Mourgues.*
Oucha (L'). Oucha Guillelmi Juliani. *Ouche (L').*

P.

Palaix, Palays, Pallet. *Palais.*
Panassac, Panassacus. *Panessac.*
Panavayre, Panaveyre. *Droite.*
Pannassac. *Panessac.*
Parcheminiers. V. *Meymac.*
Pargeminarie, Parghamineria. *Meymac.*
Parier. Peintre. V. *Pénitents.*
Pena Veyra. *Droite.*
Petit-Vienne. *Vienne.*
Peyra Pessada, Peyre-Pesade. *Pouzarot.*
Phalibert. *Philibert.*
Placette. *Marché-Couvert.*
Planaveyre. *Droite.*
Plan deux Lops. *Plat-du-Loup.*
Planet. *Marché-Couvert.*
Planum deus Lops, Planum Lupporum. *Plat-du-Loup.*
Plastreira. *Bouillon, Platrière.*
Plastreire. *Platrière.*
Plastreyre. *Bouillon, Platrière.*
Plat dous Lops. *Plat-du-Loup.*
Platrière. *Bouillon.*
Poissonnerie. *Tables.*

Sanctus Antonius. *Saint-Antoine.*
Sanctus Egidius. *Saint-Gilles.*
Sanctus Julianius. *Grangevieille.*
Sanctus Petrus de Turre. *Saint-Pierre-Latour.*
Sarrecrouchet. *Sarrecrochet.*
Saunaria, Saunaria Nova. *Saunerie.*
Saunaria Velha, Sauneria. *Saunerie-Vieille.*
Sauniers. V. *Saunerie.*
Séauve. *Derrière-l'Ancien-Musée.*
Securetum, Seguret, Seguretum. *Becdelièvre.*
Selva. *Derrière-l'Ancien-Musée.*
Servant. Peintres. V *Pénitents.*
Serveyre. *Becdelièvre.*
Silva. *Derrière-l'Ancien-Musée.*
Sociale. *Sainte-Claire.*
Sonnerie, Sonnerye. *Saunerie.*
Sourdes-Muettes. V. *Présentation.*
Sourds-Muets. V. *Aiguilhe.*

T.

Tabulæ. *Tables.*
Tanneurs. V. *Tanneries.*
Tasneries. *Tanneries.*
Taulas (Las). *Tables.*
Tauliacus. *Taulhac.*
Temple. *Cordelières.*
Templiers. V. *Saint-Barthélemy.*
Téron. *Théron.*
Théâtre. V. *Ancienne-Comédie, Breuil.*
Transversa. *Séguret.*
Travail. *Cordelières.*
Traversa (La). *Séguret.*
Traversière-Grangevieille *Boucher-de-Perthes.*
Tribunal. *Abbé-de-l'Épée.*
Tribunal civil. V. *Breuil.*
Tribunal de commerce. V. *Saint-Pierre.*

U.

Usine à gaz. V. *Sainte-Catherine.*

V.

Valet. *Aiguilhe.*
Vals. *Alexandre-Clair.*
Verdu. *Verdun.*
Viala Nova. *Villeneuve.*
Viana. *Vienne.*
Vianes. *Derrière-l'Ancien-Musée.*
Vianne. *Vienne.*
Vibert. V. *Carnot.*
Vienna. *Vienne.*
Villeneufve. *Villeneuve.*
Visitation. *Guillaume-Tardif.*
Vorey. Couvent. V. *Henry-Vinay.*

LE PUY, IMP. R. MARCHESSOU,
PEYRILLER, ROUCHON ET GAMON, SUCCESSEURS,
23, BOULEVARD CARNOT.

www.ingramcontent.com/pod-product-compliance
Ingram Content Group UK Ltd.
Pitfield, Milton Keynes, MK11 3LW, UK
UKHW022134260726
13993UKWH00003B/1422